나는 왜 니체를 읽는가

나는 왜 니체를 읽는가

세상을 다르게 보는 니체의 인생수업

프리드리히 니체 지음 **송동윤** 엮음 **강동호** 그림

스타북스

나는 왜 니체를 읽는가

견딜 수 없는 분노와 살아 있다는 자책감으로 방황하면서 두 곳의 대학까지 자퇴하고 우울증까지 찾아올 무렵, 나는 우연히 니체가 쓴 책을 만나게 되었다. 그리고 얼마 후 나는 살기 위해 무작정 서울을 떠나 독일로 유학을 가게 되었다. 그렇게 독일에서 안정을 찾으며 연극영화TV학을 전공하게 되었고 박사과정까지 마치게 되었다. 이렇게 내 인생을 바꾸게 된 동기의 중심에는 니체의 책들이 위로와 위안이 되고 힘이 되었다.

이 책은 니체의 저서 중에서 핵심 내용을 사람들에게 꼭 전하고자 하는 메시지를 잠언록의 형식으로 정리하고 강동호 작가의 재미있는 그림과 함께 편집하여 책을 읽는 내내 보는 즐거움까지 맛볼 수 있게 하였다.

니체는 시대가 민주주의를 외칠 때 반민주주의를 말하고, 모든 사람이 신을 숭배할 때 신을 배척하면서 신은 죽었다고 미치광이를 내세워 외쳤다.

그는 현대사상의 총아이자 이단아로 불리기도 하면서 시대를 조롱한 위대한 독설가이자 예술가적 철학자로 불린다.

니체가 위험하고도 매혹적인 사상가로 여전히 살아 있는 까닭은 그가 자신의 사상을 온몸으로 살아 내었기 때문이다. 그는 이성만으로 형이상학을 설파한 것이 아니라 자신의 온 존재로써, 그리고 자신의 삶 자체로써 사상을 완성하고 설파해 갔다.

그는 "신은 죽었다"라고 말했다. 니체의 말은 현실을 현실로서 인식하도록 하던 기존의 형이상학적 근거가 더 이상 타당하지 않다는 것을 의미한다. 그는 기존의 절대적 가치가 더는 절대 가치를 갖지 못한다면서, 인간은 이제 기존의 세속적 가치를 때려 부수고 새로운 가치를 정립해 내야 한다고 했다.

니체는 인간을 배격하는 교회의 허위에 격분했다. 다시 말해 신의 죽음은 교회의 죽음이라는 역설적 표현이 자신의 문제는 제대로 바라보지도 않고 기도만 해 대는 인간에게 '현실을 똑바로 직시하라'고 외치고 있는 것이다.

니체는 진정 용기 있는 인간이었다. 그는 허무주의에 무릎 꿇지 않고 싸웠다. 니체는 현실을 버리지 않고 끌어안았다. 니체는 삶을 사랑했다. 니체는 스스로 질문하고, 대답에 대한 가치 역시도 스스로 결정했다.

우리에게 필요한 절대 가치는 지금부터 미래의 세상에 이르기까지 꼭 필요한 인간 유형인 '새로운 가치를 창조할 능력을 가진 자'로서 이전의 한계를 극복해 내는 것을 말한다. 이 기존의 질서에 대항하는 자가 니체가 말한 '초인'이다. 따라서 니체는 현실을 살아가고 있는 인간을 위한 철학을 명확히 세운 것이다.

'초인'이란 지성보다도 본능, 합리보다도 의리, 이성보다는 정열을 존중하는 의지의 인간이다. 이 '초인'은 유한 속에서 무한까지 긍정하며, 죽음을 운명적으로 받아들이는 적극적 인간으로 고통과 수난의 길을 걸을 수밖에 없다. '초인'이란 세속화하지 않는 본연의 인간이며, 운명적인 것을 체념하는 인간이며, 항상 현실 속에서 자기 자신을 극복해 가는 용기의 소지자이다. 또한 '초인'의 미덕은 자기를 믿고 자기에 대한 긍지를 가지며 자기를 존경하고 누구에게나 엄격하게 행동한다.

니체는 최고의 가치가 완전히 전도됨으로써 빠진 헤어나기 어려운 깊은 공허와 절망을 극복하기 위해 '권력에의 의지'를 천명하였다. 니체의 '초인'은 '권력에의 의지'를 통하여 규정된 현실에 의하여 존재한다. '권력에의 의지'를 갖고 '영원회귀'를 달관한 실존은 인류의 삶을 초월해 나가는 창조자로 이해할 수 있을 것이다. 곧 초인은 이 현실성을 위하여 존재하는 인간이며 완성을 향하여 나아가는 인간 유형의 본질을 말해 준다.

니체가 지금 다시 세계의 젊은이들에게 인기를 더해가고 있는 이유는 그의 현실을 직시한 날카로운 통찰력 때문이라 하겠다. 또한 급소를 찌르는 직관력, 강력한 생기, 불굴의 혼, 그리고 높은 곳을 지향하는 의지는 그의 문장 속의 명구들이 사람들의 눈과 귀에 쏙쏙 들어와 마음에 남기 때문이다. 따라서 이 책은 니체의 거의 모든 저서 중에서 현대를 살아가는 젊은이들이 한 번쯤 읽어야 할 내용과 필요한 것을 골라 정리하였다.

니체 철학이 가진 독특한 특징은 거창한 학문을 지향해 정리된 것이 아니라, 정열적인 문장으로 이루어진 짧은 문장과 단편이 많다는 것이다. 단문, 단편이라고 하지만 그의 발상에는 특별한 매력이 있다. 예를 들자면 "인간에게는 육체라는 커다란 이성이 있고, 정신이라는 조그만 이성이 있다."라는 식이다.

니체의 대담한 발상에는 예술적인 매력이 숨어 있다. 칸트 같은 철학자라면 그것의 이유를 자세히 설명하기 위해 철학을 이용하지만, 니체는 그것을 무심하게 그냥 탁 하고 놔두는 것이다. 그 점에 있어서 그는 철학자 니체보다는 예술가 니체에 가깝다고 말할 수 있다. 나는 그 점을 광기의 매력으로 보았다.

끝으로 이 책의 디자인을 빛나게 해주고 독자들을 즐겁게 해주는 그림을 기꺼이 제공해 주신 강동호 작가님께 진심어린 감사를 드린다.

북한산을 바라보며

송동윤

차례

6

존재의
가치

15

예술가의 열정

삶의
철학

1

우리가 삶을 사랑함은
우리가 사는 일에 익숙해졌기 때문이 아니라,
사랑하는 일에 익숙해졌기 때문이다.
사랑 속에는 언제나 얼마간의 광기가 들어 있다.

생존경쟁은
약자에게도
좋다

권력에의
의지

　우리에게 증명되어 온 바는 표면적인 영향, 아니 퇴화
이외에 아무 것도 아니었다. …… (다윈학파는) 생존 경쟁
이 약자의 사멸과 강자, 즉 가장 천부적으로 혜택 받은
존재의 존속임을 이야기한다. 생물이 완전성에 가까워
지는 식으로 부단히 생장한다고 상상한다. 그러나 우리
가 확증해 온 바는 이와 반대여서 생존경쟁은 …… 약자
에게도 좋다는 것이다.

삶의
철학

021

풍요로운 생을
살기 위한
활동적인 자극

전형적으로 병약한 사람은 건강해지지 않으며 애써
자기 자신을 건강하게 만들 수도 없다. 반대로 전형적으
로 건강한 사람은 그 병을 인생을 사는 데, 아니 풍요로
운 생을 살기 위한 활동적인 자극으로 수용할 수 있다.
이것은 바로 오랜 세월 동안의 병이 내게 많은 활동적인
자극이 되었음을 말해 준다.

어느 쪽이든
마음 가는 대로
선택하라

식인종의 나라에서 고독한 자는 홀로 있을 때 스스로를 먹어 치우고, 대중과 함께 있을 때는 대중이 그를 먹어 치운다. 그러니 어느 쪽이든 망설이지 말고 마음 가는 대로 선택하라.

삶을 향한 우리의 강인한 의지에, 권태에서 벗어나고자 몸부림치는 긴 싸움에, 삶이 허락하는 덧없는 선물에까지 감사의 눈물을 흘리는 우리의 여린 심성에 인생은 합당한 축복을 내린다. 그 축복으로 우리는 마침내 삶이 보여 줄 수 있는 최고의 가치를 얻게 된다. 즉 우리의 사명을 되찾는 것이다.

강동호 angel mine 2022 | 캔버스 위에 아크릴 | 53x40cm

그리고 이제

우리가 삶을 사랑함은 우리가 사는 일에 익숙해졌기 때문이 아니라,
사랑하는 일에 익숙해졌기 때문이다.
사랑 속에는 언제나 얼마간의 광기가 들어 있다.
그러나 그 광기 속에는 또한 언제나 얼마간의 이성이
함께 들어 있다는 것이다.

나는 병에서 하나의 철학도 얻었다

비로소 나는 병에서 나의 더 높은 건강을 얻었다. 이 건강이란 병이 말살시켜 버리지 못한 모든 것들에 의하여 오히려 더 강해지는 건강을 말한다. 나는 병에서 하나의 철학도 얻었다. 고통이야말로 정신 최후의 해방자다. …… 그런 고통이 우리를 개선시키는지에 대해 의심스러울 때도 있으나 나는 고통이 우리를 심오하게 한다는 것을 안다.

괴테는 자신의 삶을
도려내지 않고도
시를 썼다

괴테는 자기 안에 실재하는 능력이 절대적이고 궁극적이어야 한다고 믿었다. 그의 삶이 편협하지 않았다는 점에서 그는 위대한 예술가 중에서도 위대한 예외라고 할 수 있다. 그의 생애는 두 번 정도 자기 안에 실재하는 능력보다 더욱 뛰어난 그 무엇이 있다고 착각했다.

노년의 그는 자신이 인류가 발견한 최대의 과학적 지식을 도출했다는 확신에 사로잡혔으며, 젊은 시절에는 그가 지닌 문학적 소양에 비해 보다 높은 가치를 추구했던 것으로 보인다. 이는 모두 그의 착각에서 비롯되었다. 괴테는 언젠가 이렇게 말했다. "자연은 자신을 조형 예술가로 만들 생각이었다"라고. 이런 착각이 늘 그의 가슴속에서 불타올랐고, 결국 그를 짓누르는 고통이 되었다. 이 고통이 마침내 괴테를 이탈리아로 떠나게 한 것이다.

이 여행을 통해 그는 깨달았다. 자신의 정열로부터 몸

을 숨겨야 한다는 사실을. 재능과의 결별이 필요하다는
점을 통감한 괴테는 타소를 통해 새롭게 태어났다. '고
양된 베르네르'로 불린 타소는 죽음보다 더욱 끈질긴 삶
의 예감들로 몸서리를 쳐야 했다. 마치 어떤 미치광이가
"이젠 만사가 끝이다. 이 삶과 헤어져야겠다. 하지만 어
떻게 해야 앞으로도 미치지 않고 살아갈 수 있을까"라
고 혼잣말을 하는 것처럼 타소는 아무에게도 이해받지
못했다.

　괴테의 생애 중 이 두 가지 근본적인 모순이 그에게
당시 세계가 이해할 수 있는 유일한 문학적 자세, 즉 시
에 대한 문예적인 입장에 강요받지 않게끔 도와준 것이
다. 그는 자신의 살을 도려내지 않고도 시를 썼다. 그 때
문에 사람들은 괴테의 시를 위험한 장난으로 취급했다.
그는 시작을 통해 조형미술과 자연이 바로 자신의 인근
에 있었음을 깨닫는다. 이 같은 착각 없이 괴테는 괴테
가 될 수 없었을 것이다. 그는 직업적인 작가였고 또한
독일인이었지만, 자신 외에는 아무것도 바라지 않았기
때문에 지금까지 유일한 독일인 예술가라고 기억될 수
있었다.

전시는 작품보다 주최자의 이름에 만족한다

사람들은 이따금 문화와 너무 동떨어진 생활에 두려움을 느끼곤 한다. 그들은 부족해진 감동을 채우기 위해 돈만 내면 언제든지 그 진절머리 나는 이기적 감동을 제공하는 극장과 연주회장을 찾는다. 또 그럴듯한 조각상이 세워진 광장에서 작품의 의미보다는 전시를 주최한 협회의 이름으로 만족을 느낀다.

아주 조그만 상처에서 피가 흐르는 것처럼 작은 고통을 치유하지 못하고 죽어 버리는 사람이 있다. 그런가 하면 무시무시한 삶의 재난이나 자신의 악덕이 빚은 행위에 일말의 가책도 느끼지 않은 덕분에 늘 건강한 육체와 평온한 정신을 소유하게 된 사람도 있다.

자신을 양심적이라고
여기는 사람은
아주 많다

양심을 따르는 것은 의지를 따르는 것보다 훨씬 매력적이다. 왜냐하면 실패했을 경우 양심은 자기변호나 기분 전환이 가능하기 때문이다. 그래서 이기적인 사람은 극소수인 데 반해, 자신을 양심적이라고 여기는 사람은 아주 많다.

40세를 넘기면 자서전을 쓸 권리가 주어질까?

　사람들은 40세를 넘기면 자서전을 쓸 권리가 주어진 다고 믿는다. 왜냐하면 가장 열등한 인생을 살아온 사람 일지라도 그 나이가 되면 사상가 못지않은 사건들을 체 험했을 것이고, 시인 못지않은 격랑을 이겨 냈기 때문이 다. 그러나 문제는 자신의 삶이 지켜 온 신앙을 고백하 려는 그의 욕구에 있다. 이것은 분명 오만이다. 그에게 는 자서전을 통해 생존 가운데 체험하고 탐구한 것뿐 아 니라 자신이 믿었던 가치를 타인에게 강요하겠다는 전 제가 숨어 있기 때문이다.

　그대는 다음과 같은 물음에 답해야만 한다.

　"과연 그대의 마음 깊숙한 곳이 삶을 긍정하고 있는 가? 그대는 만족하는가? 그대는 무엇을 바라는가?"

　만약 그대의 대답이 진실이라면 이 잔인한 삶에서 해 방될 것이다.

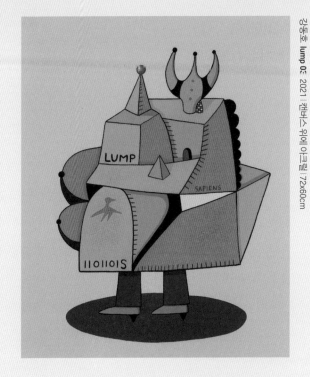

강동훈 lump 03 | 2021 | 캔버스 위에 아크릴 | 72x60cm

그리고 이제

여기에 한 사람의 인간이 있다.

그에게는 그가 바라는 계획의 일체가 근본부터 성공하지 못한다.

그가 오랫동안 마음을 기울인 사항은 그를 이미 몇 번인가 심연으로 인

도하고 몰락의 바다로 데리고 갔다. 설사 그가 그것을 벗어난다 해도 틀

림없이 경미한 손해로는 끝나지 않을 것이다.

자비와 동정은
허무주의에서
태어난 것들이다

반그리
스도

　다시 한 번 강조하지만, 삶에 대한 자비는 억압적인 본능에 불과하다. 인간을 향한 자애는 삶을 보존하고 가치를 고양시키려는 모든 본능에 방해가 된다. 우리의 생존 본능에 치명상을 입히려는 자비와 같은 관념들은 퇴폐주의(데카당스)를 심화시키기 위한 도구일 뿐이다.

　자비와 동정과 자애는 허무주의에서 태어난 것들이다! 그들은 '허무'라는 말을 부인하는 대신 신 혹은 진실, 인격, 진정한 삶이라고 주장하며 때로는 열반, 구원, 축복이라는 그럴듯한 포장을 덧씌운다. 하지만, 이 종교적이고 도덕적인 관념은 숭고한 외투를 걸쳤을 뿐. 그 실상은 삶에 대한 적의에서 파생된 사생아들이다. 예를 들어 쇼펜하우어는 삶에 대한 적의로 괴로워했다. 그는 자신의 삶을 짓뭉개 버리고 싶었다. 그래서 자비와 동정과 인격과 사랑이라는 그런대로 쓸 만한 망령들을 불러다가 가뜩이나 피폐해진 삶을 농락했던 것이다.

열정적인 인생의
여름, 봄
그리고 가을

20대는 열정적이고 지루하며, 언제 소나기가 내릴지 알 수 없는 시기다. 20대는 늘 이마에 땀이 맺혀 있고 삶이 고된 노동이라는 것을 어렴풋이 깨닫지만, 그것을 필연으로 받아들이는 연령이다. 따라서 20대는 여름이다.

반면에 30대는 인생의 봄이다. 어떤 날은 공기가 너무 따사롭고 또 어떤 날은 지나치게 춥다. 언제나 불안정하고 자극적이다. 끓어오르는 수액이 잎을 무성하게 만들고 모든 꽃의 향기를 구별할 수 있는 나이이다. 30대는 지저귀는 새소리만으로도 잠에서 깨어난다. 그리고 처음으로 향수와 추억을 구별하는 시기이다.

40대는 모든 것이 정지된 연령이다. 바람은 더 이상 그를 움직일 수 없다. 구름 한 점 없는 맑은 하늘이 그의 수확을 돕는다. 40대는 한마디로 인생의 가을이라고 볼 수 있다.

말은 짧게 하고 의미는 깊게 하라

- 남자가 그녀의 발 앞에 엎드렸을 때 그녀를 괴롭히던 권태가 사라진다.
- 나이가 들면 여자는 화장품을 고르는 대신 학문을 뒤적인다.
- 검은 옷을 입고 묵묵히 앉아 있으면 어떤 여자든 영리해 보인다.
- 이 행복을 그녀는 누구에게 감사할까? 먼저 신에게! 그리고 나의 재단사에게!
- 처녀 시절은 꽃으로 꾸며진 동굴이 노년에는 뱀들이 우글거리는 동굴로 변한다.
- 그녀가 원하는 세 가지? 명성, 미모, 신분. 그렇다면 그녀를 만족시킬 수 있는 단 한 가지 방법은? 남자가 그녀에게 하는 마지막 충고는 말은 짧게, 의미는 깊게 하라는 것이다.

영국인이 일요일을 신성하게 여긴 까닭은 월요일의 노동을 그리워하게 만들려는 하나의 술책이었다. 신성한 일요일의 무료함이야말로 가장 영국적인 본능이라고 할 수 있다. 이는 아주 교묘한 단식과도 같다. 폭식과 폭식을 연결해 주는 다리로써 활용되는 단식이 바로 영국인들의 일요일이 갖는 위상이다.

삶에 있어서
독립이란
강자만의 특권이다

삶에 있어서 독립이란 소수의 인간들에게만 허용되는, 다시 말해 강자만의 특권이다. 하지만 불필요한 순간에 독립을 시도하는 자가 있다면, 물론 그가 그럴 만한 충분한 자격과 이유가 있다고 할지라도 그것은 어디까지나 방종이다. 그는 자신이 인간 사회로부터 독립된 인간임을 증명하기 위해 저 무시무시한 미노타우로스의 미궁에 스스로 뛰어든다. 그리고 이미 위험해진 인생을 더욱 위험한 곳으로 내던져 버린다. 그는 자신이 어디서 길을 잃었으며, 어떻게 고독해졌는지, 또 양심이라는 미노타우로스의 이빨과 마주쳐 신산이 찢겨져 버린 과정을 사람들에게 알려 주고 싶지만, 그는 이미 사람들과 너무 멀리 떨어져 있어 아무런 말도 해 줄 수가 없다.

숨는 것으로
만족하던 시대는
지났다

인생에서 최고의 기쁨을 수확하는 비결, 그것은 삶이 안고 있는 고통에 스스로를 노출시키는 것이다. 그대들의 도시를 베수비오 화산의 산허리에 건설하라. 그대들의 배를 아무도 알지 못하는 바다 한 가운데에 띄워라. 그대들의 벗, 그리고 그대 자신과의 영속적인 투쟁에 헌신하라. 그대들, 인식하는 자여, 지배하고 소유할 수 없다면 약탈과 정복을 일삼는 자가 되어라. 겁을 집어먹은 사슴처럼 숲 속에 숨는 것으로 만족하던 시대는 머지않아 사라진다.

강동호 시적의 풍경 2 2018 | 캔버스 위에 아크릴 |72x72cm

그리고 니체

가령 어느 철학자가 삶의 가치에 속하는 어떤 문제를 논하려고 든다면,
그는 철학자라고 논하기가 곤란해지고 그것은 그의 지혜에 대한
의문부호가 되고 무지가 되어버리고 만다. 그렇다면 지혜란
시체 냄새를 맡은 까마귀처럼 지상에 나타나는 것이 아닐까?

나는 뒤를 돌아보며
아득한 앞날을
헤아린다

　　무르익은 포도송이가 갈색을 띠기 시작했을 때, 태양
이 오랜만에 나의 삶을 비추는 이 충만한 날에 나는 뒤
를 돌아보며 아득한 앞날을 헤아린다. 나는 나의 40년
을 헛되이 묻어 버린 것이 아니었다. 나는 지나온 나의
생애에 진심으로 감사드린다. 그리하여 나는 나의 생애
에 대해 나 자신에게 들려주고자 한다.

혀를 늘어뜨린
개처럼 입맛을
다시지 말라

인생을 탐내지 말 것. 혀를 늘어뜨린 개처럼 입맛을
다시지 않는 것이 최선이다. 이기심의 지배와 탐욕으로
부터 벗어나 싸늘하게 식어 버린 달빛의 죽은 의지로,
술에 취한 저 몽롱한 시선으로 인생을 마중 나가는 것이
최선이다.

인간에게 용기는 가장 훌륭한 살인자다. 공격하는 용
기 그것은 죽음까지도 살해한다. 왜냐하면 용기는 "그
게 삶이던가, 그럼 좋다. 다시 한 번!"이라고 외치기 때
문이다.

진리는
그대에게 진실을
속삭이지 않는다

어떤 희생을 치르더라도 진리를 손에 넣고야 말겠다는 단호한 의지, 진리에 대한 그 숨 막히는 사랑. 이것이 그대를 청춘의 광기로 물들이는 주범이다. 그대는 경험이 부족하고, 진지하며, 병적으로 쾌활하다.

시간이 지날수록 이 화상의 범위가 넓어지며 상처는 깊어만 간다. 진리의 가면을 벗겨도 여전히 진리는 그대에게 진실을 속삭이지 않는다. 그대는 이 모든 것에 절망한다. 삶을 받아들이기엔 그대가 너무 젊다.

흔들리는 양심 2

지구에는 거만하고 천박한 인간이
공존하고 있는데, 이 생물은 자신과
대지와 삶에 대한 불만에서 벗어나지 못하고
죄책감에서 벗어나고자
스스로를 학대하고 있다.
이 같은 자학에서 그들은 즐거움을 찾아냈다.
그것이 아마도 인간의 유일한 기쁨인 듯하다.

인간의 양심은
스스로를 괴롭히는
발명자다

인류 외부의 적이 사라지자 관습을 억누르는 협소함과 꼼꼼함에 처박혀진 인간은 참을 수 없어 자신을 찢고, 책망하고, 괴롭히고, 학대했다. …… 황야에의 향수에 지쳐 스스로 고문대와 위험한 황야에 자신을 내던지지 않을 수 없었던 이 가련한 동물, 이 바보, 그리움에 지치고 절망해 버린 이 죄수의 '양심'이야말로 가책의 발명자가 된 것이다.

통치자는
국가에 유익한
교육만을 고집한다

통치자는 육체적 정신적으로 재갈 물린 이들을 매개로 하여 그 나라의 모든 청년층을 국가에 유익한 교육을 받도록 한다. 무엇보다도 국가에 의해 승인되고 인정된 생활 진로만이 사회적 영예로 나아가는 길이라고 믿도록 한다. 그러한 성향은 모든 사람들이 알아채지 못할 정도로 전염된다.

금욕주의도
일상으로
회복시켜야 한다

　　나는 금욕주의도 다시금 일상으로 회복시키고자 한
다. 즉 부정을 겨냥하는 의도를, 일상 회복의 강화를 겨
냥하는 의도가 대신했으면 한다. 의지의 체계, …… 이
따금 하는 단식, 행위의 결의, …… 모험이나 고의적 위
험을 가지고 하는 실험, 약속을 지키는 일에 있어서의
강함도 음미하는 것이 고안되어야 했다.

강동훈 angel mine 14 2022 | 캔버스 위에 아크릴 | 116x91cm

그리고 니체

예전엔 신에 대한 모독이 가장 큰 모독이었다.

그러나 신은 죽었고 그와 더불어 신을 모독하는 자들도 죽었다.

지금은 대지에 대한 모독이 가장 가공스럽다.

그리고 불가사의한 것의 내장을 대지의 의미보다 더 높게 평가했다.

예전에 영혼은 육체를 경멸적으로 보았고

그 당시엔 그러한 경멸이 최고인 것처럼 여겨졌다.

국가의 발전과 소멸은 어떻게 진행되는가?

한 민족이 그들만의 고유한 특성과 성격을 갖춘 국가로 발전하기 위해서는 불리한 환경과의 오랜 투쟁, 여러 민족끼리의 혼합을 차단하는 배타적 본능, 집단을 위한 각 개인의 자발적인 희생이 구비되어야 한다. 이와 반대로 한 국가가 소멸하기 위해서는 과도한 영양 섭취, 과잉보호, 이기적인 개인주의, 외래문화에 대한 무분별한 열광이 진행되어야 한다.

세계는
끝도 없이
계속해 변화한다

    이 세상은 시작도 없고 끝도 없는 거대한 힘이며, 증대하는 일도 감소하는 일도 없고, 전체로서는 그 크기를 바꾸는 일이 없는 청동처럼 확고하면서도 계속해서 변화한다. …… (그러나) 그것은 공허한 게 아니라 힘으로써 편재하고, 힘과 힘의 파랑이 벌이는 유희로써 하나이면서도 다수이고, 여기서 모이면 저기서 감소하고, 광포하게 밀려들고 넘쳐드는 힘의 대양이다. 영원히 방황하면서 영원히 달음질쳐 돌아오는 회귀의 세월을 거듭하여, …… 영원히 회귀하지 않을 수 없는 것으로써, 어떤 포만이나 권태, 피로도 모르는 생성으로서, 자기 자신을 축복하고 있는 것이다. 영원한 자기 창조와 영원한 자기 파괴는 디오니소스적 세계라고 할 수 있다.

인간은 죄책감에서 벗어나고자 스스로를 학대한다

이곳 지구에는 거만하고 천박한 인간이 공존하고 있는데, 이 생물은 자신과 대지와 삶에 대한 불만에서 벗어나지 못한 죄책감에서 벗어나고자 스스로를 학대하고 있다. 이 같은 자학에서 그들은 즐거움을 찾아냈다. 그것이 아마도 인간의 유일한 기쁨인 듯하다.

질투심이 강한 인간의 음흉한 눈초리는 절대적인 아름다움과 영원한 기쁨을 훔쳐보고 있다. 그리고 한쪽에선 불행, 자발적 희생, 자기 포기, 자기 징벌, 자기희생에 일종의 희열을 느끼며, 그것을 찾아 길을 떠난다. 이 이상한 생물은 생존의 전제인 생리적 활력이 감퇴할수록 더욱 거만해지고 더욱 의기양양해진다.

거부권은
나의 특권 중의
하나다

이 사람을
보라

나는 최후의 반정치적인 독일인이다. 그런데 나의 조상은 폴란드 귀족이다. …… 아마도 폴란드 의원이 갖는 전통적인 특권 중의 하나인 거부권이 내게 있는 모양이다. …… 길을 가다 물이 튀어 옷에 묻은 것처럼 나에게는 독일인의 피가 약간 섞이지 않았나 생각된다.

나의
고찰은
반시대적이다

역사가 시대의 산물이라 한다면, 나의 고찰은 반시대적이다. 왜냐하면 나는 이 시대가 당당하게 내세우는 것, 즉 자신들이 처음으로 확립했다는 이 역사적인 교양에 대해 시대의 병폐, 질병, 결함으로 인식하기 때문이다. 우리는 역사라는 소모적인 열병에 걸려 있으며, 적어도 우리 자신만은 우리가 병에 걸렸다는 사실을 깨달아야 한다고 믿기 때문이다.

하나의 신념에
매달린 자는
무법자가 되기 쉽다

새로운 신념에 매혹된 적이 없는 자. 아직도 처음 걸려든 그 신념의 그물에 언제까지나 매달리려 하는 인간은 어떤 말 못할 사정이 있든 간에 변할 수 없는 그의 신념으로 말미암아 뒤처진 문화의 대표자가 되곤 한다. 이런 부류의 인간은 낯설고, 어리석으며, 가르치는 것이 불가능하고, 괴팍하며, 영원한 비방자로 남는다. 이들은 자신의 뒤떨어진 관념을 강요하고자 갖가지 수단을 동원하는 무법자가 되기 쉽다. 그들은 다른 의견이 자신의 주변에서 떠돈다는 사실을 도무지 받아들이려 하지 않는다.

강동호 angel nine 17 2022 | 캔버스 위에 아크릴 | 72.7x60.6cm

그리고 이제

연애하는 사나이의 병을 고치는 데는
때때로 약간 도수가 높은 안경을 주기만 하면 되는 경우가 있는데
이는 근시안이 연애를 하게 하기 때문이다.
그러므로 앞으로 이십년이 지난 뒤의 얼굴과 옷맵시를
그려볼 수 있는 상상력을 지닌 사람은
아마도 평온한 인생을 보내게 될 것이 틀림없다.

어떤 정신을
이해하기 위해서는
몇 세기가 필요할까?

세상을 바꿀 수 있는 최대의 사건과 최고의 사상은 이 해되기 힘들다. 이런 사건이나 사상과 같은 시기를 살아 가는 인간은 정작 이런 것들을 경험하지 못한다. 다만 그 곁을 지나치며 살아가는 것이다. 이것은 별의 세계에 서 벌어지는 현상과 비슷하다. 가장 멀리 떨어진 별빛은 가장 뒤늦게 인간의 발치에 닿는다. 그 별빛이 우리의 뇌리에 닿기까지 인식은 진실을 부정한다. 시선 너머에 별이 존재한다는 사실을 부정하는 것이다.

"어떤 정신을 이해하기 위해서는 대체 몇 세기나 필 요한 것일까?"

이 물음에 대한 답변을 역시 하나의 척도로 가늠할 수 있다. 인간은 자신에게 영향을 끼칠 때까지 불필요한 법 칙과 격식을 강요한다. 정신에 대해 또는 별에 대해.

교만이
인류의 도덕을
깨닫게 했다

동서고금을 막론하고 어느 시대나 지식인의 가장 큰 악덕으로 교만이 회자되었다. 하지만 만약 이 교만이라는 원동력이 없었다면 지상은 진리의 효과를 기대할 수 없었을 것이다. 지식인의 교만은 자신의 사상과 개념을 더욱 확고한 것으로 만든다. 교만은 남들의 비판에 상관없이 스스로를 존경하고, 어울리는 명예를 찾아 수여하고, 자신을 이해하지 못하는 어리석은 이웃들을 경멸한다. 지식인은 자신의 교만한 성품을 만날 때마다 마치 절친한 동료를 만난 것처럼 반가워한다. 그의 사상을 인정하는 유일한 친구가 바로 교만이기 때문이다. 그는 교만의 정신적 인격과 독립적인 실체를 인정한다. 내가 평소 나의 교만을 '지적 양심'이라고 부르는 것처럼 말이다. 이 검은 뿌리가 존재하지 않았다면 인류는 도덕을 깨닫지 못했을 것이다.

선악의 심판

3

죄인이라는 것은 하나의 데카당스다.
그렇다면 소크라테스는 진정 죄인이었을까.
소피로스라는 관상가가 내린 유명한 판단이
우리의 궁금증을 해결해 줄 것이다.
그 판단은 소크라테스를 잘 아는 친구들에겐
매우 유감스러운 말이었다.

신앙으로
길들여진
인과성의 법칙

인과성의 법칙처럼 신앙으로 완전히 길들여진 경우도, 그것을 믿지 않으면 종족이 몰락할 정도로 혈육화된 것이라고 해도, 이것 때문에 진리란 말인가? 얼마나 희한한 추론인가! 마치 진리는 인간이 존속하고 있다는 것 자체로 증명이나 되고 있는 듯 말하고 있다.

권력을 다스리는 내적 의지가 필요하다

힘이라는 위대한 개념은 현대 물리학자가 신과 세계를 창조하는 데 이용한 것으로 여전히 보완될 필요가 있다. 즉 '권력에의 의지'로서, 바꿔 말하면 권력을 표명하는 또는 권력을 행사하고 실행하려는 강력한 의지를 내포하고 있다. 이 의지는 창조적 충동 따위로 특징짓기에는 무리가 있다. 따라서 권력을 다스리는 하나의 내적 의지가 그 힘을 돌리지 않으면 안 된다.

인간의
선, 악,
그리고 권력

선이란 무엇인가? 권력에 대한 느낌과 의지 그리고 권력 자체를 인간 안에서 강화시키는 모든 것이다. 악이란 무엇인가? 허약함에서 비롯되는 모든 것이다. 행복이란 무엇인가? 권력이 증가하는 느낌과 저항이 극복되었다는 느낌을 느끼는 것이다.

강동호 *new soul 3* 2022 | 캔버스 위에 아크릴 | 53x45.5cm

그리고 너희

슬픔을 지닌 인간은 행복한 기분일 때 자신의 정체를 폭로한다.
그들은 질투 때문에 행복을 교살하고 질식시키고 싶어 하는 사람처럼
행복을 부둥켜안는 버릇이 있다. 그러나 그들은 너무나 잘 알고 있다.
오래지 않아 그것이 도망치리라는 것을 예측할 수 있다.

인간은
세계의
심판관인가?

　　만물이 살고 있는 이 세상에서 인간은 모든 생물의 심판자인가? '세계 대 인간'의 모든 태도, …… 사물의 가치척도로서의 인간, 마침내는 존재 자체를 자기의 저울대 위에 올려놓고는 그것을 너무 가볍다고 생각하는 세계 심판자로서의 인간 ― 이러한 태도의 정상을 벗어난 어처구니없음은 그 정체를 드러내어 우리에게 혐오감을 느끼게 한다. 우리는 '인간과 세계'가 서로 병립되어 있고, 따라서 '과'라는 귀여운 단어의 숭고한 뻔뻔함에 의해 분리되어져 있음을 발견할 때 웃지 않을 수 없다.

인간이
신의 영역을 만들어
신이라 부른다

인간의 모든 위대함이나 강함이 초인간적인 것으로써 밖에서 온 것으로 포착되고 있는 한 인간은 스스로를 왜소하게 만든다. 인간은 극히 가련하고 약한 면과 극히 강하고 놀라운 두 가지 면을 가지고 있다. 두 가지 영역 가운데를 분열시키고 전자를 '인간', 후자를 '신'이라 부른 것이다.

인간의 동경은
그들이 구축한 세계를
파괴한다

인간의 동경은 그들이 구축한 세계를 파괴하고 신들을 뛰어넘어 죽음을 향해 내달린다. 인간의 삶과 인간이 만들어 낸 삶의 신들, 혹은 저 불멸의 언덕에 도달했던 생의 환희도 여기서 그만 멈춰 버린다. 한번 맛본 진리가 인간의 뇌리 속에서 끊임없이 진동을 일으킨다. 이제 인간은 도처에서 삶의 공포, 삶의 부조리와 마주친다. 이제 그는 지혜의 정체를 알게 되었다. 그리고 쉬지도 않고 계속해서 구역질을 해 대는 것이다.

소크라테스는
한마디로
천민이었다

소크라테스는 그의 출생으로 미뤄 볼 때 최하층 계급이었던 듯하다. 소크라테스는 한마디로 천민이었다. 게다가 그는 추한 몰골을 가지고 있었다. 외모가 추하다는 것을 그리스인들은 일종의 범죄로 취급했다. 그렇다면 소크라테스는 진정 그리스인이었을까. 인류는 추악함의 근간으로 혼혈을 꼽는다. 우리는 지금도 혼혈 때문에 발달이 저하되었다는 결론을 종종 듣게 된다. 인류학자는 우리에게 말한다. "전형적인 죄수들은 모두 혼혈이며 그 때문에 추악하다." 그들은 '외모도 괴물이고 정신도 괴물'이다.

그런데 죄인이라는 것은 하나의 데카당스다. 그렇다면 소크라테스는 진정 죄인이었을까. 소피로스라는 관상가가 내린 유명한 판단이 우리의 궁금증을 해결해 줄 것이다. 그 판단은 소크라테스를 잘 아는 친구들에겐 매우 유감스러운 말이었다. 인상에 관심이 있는 어느 외국인이 아테네를 지나가다 소크라테스를 만났다. 그는 소크라테스를 보고 이렇게 말했다고 한다. "그대는 '괴물'이다, 그대는 모든 좋지 않은 악덕과 욕망을 마음속에 간직하고 있다." 그러자 소크라테스가 대답했다. "자넨 나라는 인간을 제대로 알고 있네 그려."

인간은 결코
빛에 대해
이야기할 수 없다

인간은 결코 빛에 대해 이야기할 수 없다. 다만 빛과의 연관성 및 연관성의 정도에 대해서만 언급할 수 있을 뿐이다. 일반적으로 사람들은 빛을 무조건적인 기쁨으로 인식하는 듯 보이지만, 그 속내를 자세히 관찰해 보면 오히려 빛이 너무 강해 시야가 불분명해졌다는 불평만 늘어놓고 있다. 이 불평이 오랜 세월 세습되어 이제는 거의 증오의 단계에까지 도달한 것으로 보인다. 대다수의 인간은 자신도 모르는 사이에 빛을 공포로 여기게 되었다. 어쩌면 정체가 드러나는 데 불안을 느끼고 있는지도 모른다. 인간이 빛을 향해 내뿜는 적의는 빛에 익숙지 못한 탓에 빛을 증오하지 않고는 못 견디는 박쥐의 어리석은 분노와 거의 흡사하다. 혹시 인간의 영혼이 빛에 무감각하기 때문에 빛을 두려워하게 된 것은 아닐까?

강동훈 new soul 3 2022 | 캔버스 위에 아크릴 | 53x45.5cm

그리고 이제

모든 자살적 허무주의에 대해서 대문이 닫혀졌다.
그러나 이 해석은 의심할 여지 없이 새로운 괴로움을 가져왔다.
그것은 보다 깊고, 보다 내면적이고, 보다 유독하고,
보다 삶을 좀먹는 괴로움이었다. 이 금욕주의적 이상은
죄라는 관점에서 모든 괴로움을 해석했다.

지혜란 자연에 거역하는 하나의 만행이다

아버지의 살해자인 오이디푸스, 어머니의 남편인 오이디푸스, 스핑크스의 수수께끼를 푼 오이디푸스. 이 운명의 세 가지 얼굴은 우리에게 대체 무엇을 말하고 싶은 것인가. 태곳적 페르시아에는 이런 민간신앙이 있었다. '현명한 마법사는 근친상간에 의해서만이 태어날 수 있다.'

우리는 이 페르시아의 신앙을 통해 인간의 영원한 수수께끼를 해결하고, 자신의 어머니를 해방시킨 오이디푸스에 대해 다음과 같이 해석해야 한다. 예언적이고 마법적인 힘이 현재와 미래의 속박을 풀고, 개별화된 불변의 법칙을 깨고, 자연의 고유 영역마저 어느 정도 무너뜨리는 사태가 발생하기 직전, 그 원인으로써 비자연적인 사건—마치 근친상간처럼—이 선행되어야만 한다. 왜냐하면 인간이 자연법칙의 숙명으로부터 벗어나기 위해서는 비자연성을 구축할 수밖에 없기 때문이다. 이러한 인식이 오이디푸스의 운명에 새겨져 있음을 나는 확인했다. 자연이 인간에게 제시한 저 이중적인 스핑크스의 수수께끼를 푼 사람은 아버지의 살해자이며, 어머니의 남편으로서 성스러운 질서를 파괴해야만 하는 것이다. 오이디푸스 신화는 우리에게 이렇게 말한다. 지혜라는 것은 자연에 거역하는 하나의 만행이노라. 자신의 지혜로 자연의 법칙을 파멸시킨 자의 운명은 자신이 이룩한 세계마저 파멸시킬 수밖에 없노라. 오이디푸스는 우리에게 외치고 있다.

"지혜의 칼끝은 지혜로운 자에게 향한다. 인간의 지혜는 자연에 대한 범죄이다."

인간은
교육을 통해
세뇌된다

첫째, 인간은 자신이 불완전한 존재라는 교육을 받았고 지금도 그렇게 착각한다. 둘째, 인간은 상상을 통해 발전할 수 있다고 교육받았고 현재까지 공상에 머물러 있다. 셋째, 인간은 자신이 동물이 아니라고 교육받았고 그 결과 동물이 되려고 노력 중이다. 넷째, 인간은 '가치'라는 개념에 대해 교육받았고 스스로 가치 있는 존재라고 착각한다.

칭찬은
양심의 가책이 없는 자를
만족시킬 뿐이다

    고금을 통하여 매일같이 반복되는 역사는 누구를 위해 만들어지는가. 그대가 누리는 하루하루의 역사를 만들어 내는 힘은 무엇인가. 그 역사를 성립시키는 그대의 습관을 자세히 들여다보라. 그 습관이 무수히 작은 두려움과 나태의 산물인가. 아니면 그대를 둘러싼 용기와 창조적인 이성의 선물인가. 이 두 가지 경우는 매우 다르지만, 사람들은 그대의 선택과 상관없이 자신들에게 이익이 되는 조건을 찾아 그대를 칭찬할 것이라는 점을 명심하라. 그대가 어떤 선택을 하든지 그대가 할 수 있는 일은 결국 크게 다르지 않다는 점을 명심하는 것이다. 사람들의 칭찬이나 명성은 양심의 가책을 느끼지 못하는 자를 만족시킬 뿐이다. 그대처럼 내면의 음성에 귀를 기울일 줄 아는 자는 '하느님은 사람의 의로움과 결백함에 따라 심판하신다(시편 7:9)'라는 구절만으로는 결코 만족을 느끼지 못한다.

사색의
감옥

4

사람에게 있어서 철학이란
스스로 얼음 구덩이와 높은 산을
찾아 헤매는 것을 말한다.
생존에 포함된 모든 의문을 탐구하는 것,
도덕이라는 이름으로 구속된 모든 영역을
살펴보는 것을 의미한다.

개인은 해석자로서
늘 새로운 것을
창조하고 있다

개인은 무언가 전혀 새로운 존재이며 새로운 것을 창
조하는 존재이다. 그리고 무언가 절대적인 존재이다.
…… 개개인은 전통적 용어도 역시 개인적으로 해석하
지 않을 수 없다. 감정과 지식을 개인이 창조하지 않았
다고 해도 그것을 해석하는 것은 개인이다. 해석자로서
의 개인은 언제 어디서나 창조하고 있는 것이다.

그들은
얼마나 불행한
만남인가!

파르메니데스는 심연으로 내려가는 길에서 헤라클레이토스를 만났다. 얼마나 불행한 만남인가! 존재와 비존재의 엄격한 분리에 모든 것을 걸고 있는 그에게 헤라클레이토스의 이율배반의 유희는 몹시 혐오스러운 것임에 틀림없다. "우리는 존재하면서도 동시에 존재하지 않는다" "존재와 비존재는 동일하며 동시에 동일하지 않다"는 명제. 파르메니데스가 막 해명하고 해결했던 모든 것을 다시 불투명하게 만들어 버린 헤라클레이토스의 명제가 파르메니데스를 격노하게 만들었다.

인간의
관점에서 본
매우 제한된 진리

어떤 사람이 물건 하나를 덤불 뒤에 숨겨 놓은 다음 그것을 바로 그 자리에서 찾아낸다면, 사람들은 이를 칭찬하지는 않을 것이다. (그런데 인간이 소위 이성이라는 것을 통해 벌이고 있는 일이 바로 그와 같다.) 내가 포유동물을 정의하고 낙타 한 마리를 보고 난 뒤 "봐라, 포유동물이다"라고 말한다면 이는 매우 제한된 가치만이 있는 전적으로 인간의 관점에서 본 진리일 뿐이다. 그것은 진리 자체와는 상관없으며 세계를 인간과 같은 종류의 사물로 이해하려고 하는, 기껏해야 동화의 감정을 쟁취하는 것일 뿐이다.

강동호 angel mine 2 2021 | 캔버스 위에 아크릴 | 72x60cm

그리고 니체

모든 행위에는 망각이 필요하기 마련이다. 이는
모든 유기체의 생명에 빛뿐 아니라 어두움이 필요한 것과 마찬가지다.
철저하게 역사적으로만 감각하려고 하는 사람은 잠을 못 자도록
강제당하는 사람, 혹은 새김질에 의해서만 더 나아가서 이 새김질의
끊임없는 반복에 의해서만 삶을 이어가야 하는 동물과 다름없다.

나의 망치는
형상을 감금하고 있는
감옥을 내리친다

눈앞에 보이는 돌 속에는 하나의 형상이 잠자고 있다. …… 이제 나의 망치는 형상을 감금하고 있는 감옥을 격노하여 내리친다. 부서진 바위 조각들이 비처럼 흩어진다. 그것이 무슨 상관이 있으랴? 나는 완성하고 싶다. …… 모든 것 중에서 가장 고요하고 가장 가벼운 것, 즉 초인의 미가 하나의 그림자처럼 나에게 다가왔던 것이다.

비판은
우리의 변덕에
의지하지 않는다

즐거운
학문

    지난날 그대가 진리였다고 말하고 진실로 인정했기에 사랑할 수 있었던 것들이 이제 그대를 방해하는 오류로 생각될 때가 있다. 그대는 그 사념들을 물리칠 수 있다고 확신한다. 그대의 이성이 승리를 획득할 수 있다고 자신한다. 하지만 지금 그대의 길을 가로막고 서 있는 저 오류들은 그대의 모든 것이 아직 부족했던 시절, 오늘 그대를 인도했던 '진리'와 마찬가지로 그대를 이끌었을 것이다. 저 오류들은 아직 그대에게 밝혀지지 않은 무수한 사실들로부터 그대의 눈을 가렸던 껍데기였다.

    지난날 그대의 진리로 군림했던 저 오류들을 발견한 것은 그대의 이성이 아니라 그대의 생활이었다. 그대의 삶은 이제 더 이상 저 더러운 주장들을 필요로 하지 않았기에 그것들은 자연스럽게 자신의 정체를 드러내고, 그대의 눈앞에서 사라진 것이다. 진리로 가장한 오류의 부조리가 구더기처럼 밖으로 기어 나온 것이다.

비판은 우리의 변덕에 의지하지 않는다. 또한 우리의 개인적인 삶을 초월하지도 않는다. 비판은 우리의 생활 속에서 수명을 연장한다. 그리고 우리 안에 세계의 질서를 바꿀 수 있는 힘이 존재한다는 사실을 증명한다. 우리는 부정한다. 아니, 부정하지 않을 수 없다. 왜냐하면 마치 우리 내부에 무엇인가 살아 움직이고 있으며, 스스로를 긍정하려는 몸부림에 괴로워하고 있기 때문이다. 아마도 우리가 모르는, 혹은 미처 발견하지 못한 무엇인가가 우리들 내부에서 꿈틀거리고 있다.

나는
그들을 결코
동정하지 않는다

나와 조금이라도 관계가 있는 사람들에게 나는 고뇌,
고독, 질병, 불운, 굴욕이 미치기를 바란다. 나는 그들이
자기 경멸과 스스로에 대한 불신, 피정복자의 비참함에
분노하기를 바란다. 나는 그들을 결코 동정하지 않는다.
왜냐하면 인간이 어떤 가치를 지닐 수 있는가에 대한 문
제를 설명할 수 있는 유일한 해답이 나타나기만 바라고
있기 때문이다.

허락되지 않은
모든 것들은
예외 없는 진리다

　사람에게 있어서 철학이란 스스로 얼음 구덩이와 높은 산을 찾아 헤매는 것을 말한다. 생존에 포함된 모든 의문을 탐구하는 것, 도덕이라는 이름으로 구속된 모든 영역을 살펴보는 것을 의미한다. 그렇다면 내가 이 철학을 통해 깨달은 진실은 무엇인가? 오류란 맹목이 아니라 비겁이었다는 점, 이상을 부정하는 것이 아니라 이상에 도전해야 한다는 점이다. 허락되지 않은 모든 것을 갈망하는 욕망이 나의 철학이다. 왜냐하면 허락되지 않은 모든 것들은 예외 없이 진리였기 때문이다.

그대는 누구에게도 두려움을 주지 않았다

에머슨은 말한다.

"조심하라. 위대한 신을 통해 한 사람의 사상가가 우리들 행성에 보내지는 날을. 그때 인류는 위험에 빠지게 될 것이다. 마치 대도시에 화재가 일어난 것처럼 혼란이 이어질 것이다. 언제 그 고통이 그치고 어디에서 그 불길을 사로잡게 될 것인지 아무도 장담할 수 없다. 모든 학문은 하루를 견디지 못할 것이며, 철학을 소유한 명성은 더 이상 통용되지 않는다. 따라서 영원 또한 더 이상 불변일 수 없게 된다. 이 새로운 문명은 인간을 완전히 정복하게 될 것이다."

만약 사상가가 이처럼 위험한 존재라는 주장이 사실이라면 대학의 강단에서 나부끼는 저 사상가들은 결코 위험하지 않다는 사실도 명백해졌다. 왜냐하면 그들의 사상은 사과나무에서 사과가 열리듯 무사태평한 인습을 통해 열매를 맺었기 때문이다. 그들의 사상은 결코 인류를 경악시킬 수 없다. 그들의 활동에 대해 디오게네스가 대신 정의를 내려 줄 것이다.

"그네들에게 어떤 위대한 점이 있다는 것인가. 그렇게 오랫동안 철학을 했으면서도 아직 사람들에게 암담한 생각을 심어 준 적이 없지 않은가."

강단 철학의 묘비명에는 "그대는 누구에게도 두려움을 주지 않았도다"라고 써야 한다.

강동호 angel mine 2022 | 캔버스 위에 아크릴 | 72x53cm

그리고 니체

진리는 힘을 필요로 한다. 비록 언변에 능숙한 계몽주의자가
아무리 그 반대를 말하는데 익숙해져 있다 하더라도
진리는 그 자체로는 결코 힘이 아니다. 진리는 오히려 힘을
자기편으로 끌어들이거나 힘 편이 되지 않으면 안 된다.
그렇지 않으면 진리는 몇 번이고 되풀이하여 파멸할 것이다.

그리스인들은
오직 플라톤에게만
열광했다

철학자들이 얼마나 음흉한지 당신들은 결코 이해할 수 없을 것이다! 내가 알고 있는 가장 음흉한 독설은 에피쿠로스가 플라톤에게 퍼부은 독설이었다. 에피쿠로스는 플라톤 학파를 '디오니시오콜라케스(Dionysiokolakes)'라고 불렀는데, 이 말의 뜻은 표면적으로 '디오니소스의 아류'라는 뜻이다. 하지만 이 디오니시오콜라케스는 '디오니시오콜락스(Dionysiokolax)', 즉 '디오니소스에게 배우라'는 의미로도 해석될 수 있다. 바로 이 후자의 의미가 에피쿠로스가 플라톤을 향해 쏜 독설의 진정한 의미였다. 그는 플라톤과 그의 제자들이 보여 주는 정중한 태도와 고매한 연극을 도저히 이해할 수 없었던 것이다. 그는 사모스 학원의 정원에 은거하며 무려 300권의 책을 썼지만, 그리스인들은 오직 플라톤에게만 열광했다. 어쩌면 에피쿠로스는 플라톤에 대한 시기와 분노로 그토록 많은 책을 썼는지도 모른다. 어쨌든 그리스인들이 에피쿠로스가 누구였는지 깨닫는 데는 그가 죽은 뒤로도 무려 100년이 더 필요했다.

그는 스스로
천둥을 잉태하고 있는
폭풍이다

철학자인 그는 자신의 사상에 의해 밖으로 내던져진 뒤, 위에서 또는 아래에서 습격당하듯이 얻어맞는다. 그는 스스로 천둥을 잉태하고 있는 폭풍이다. 그를 둘러싸고 세계는 항상 무엇인가 포효하고, 신음하고, 균열하고, 좋지 않은 낌새를 풍긴다. 그것이 그의 숙명처럼 낙인찍힌다. 철학자 그는 자신으로부터 도주하고 늘 자신에 대해 두려움을 갖는다. 하지만 그의 격렬한 호기심이 그를 재차 '자기'로 회귀하게 만든다.

영혼의 가장
깊은 곳에서
솟구치는 샘물

쇼펜하우어의 철학은 항상 우울한 청년 시절을 떠올린다. 쇼펜하우어의 사고방식은 그와 동년배인 중년 남성의 사고 체계에서 잉태된 것이 아니다. 마찬가지로 플라톤의 철학은 30대 중반을 연상시킨다. 고기압과 저기압이 만난 위험한 지대, 언제 폭풍으로 변질될지 모르는 힘의 대립, 하지만 햇살이 비췄을 때 무지개를 보여 줄 수 있는 유일한 연령대가 플라톤의 철학에는 숨어 있다.

인간은 고독을 따르는 저 수많은 권태와 불만 그리고 무료함의 대가로 자신의 내면과 자연 속으로 들어갈 수 있는 15분을 손에 넣는다. 인생의 지루함에 어느 정도 대안을 구축한 인간은 자신의 불필요한 자아에 대해서도 이와 비슷한 대안을 찾으려 할 것이다. 영혼의 가장 깊은 곳에서 솟구치는 샘물을, 그 힘찬 생명을 그는 결코 마시지 않을 것이다.

자신을 빨아들이는 행위야말로 진정한 독서다

나의 경우 독서란 잠시 숨을 고르는 것과 같다. 나를 자신으로부터 해방시키는 것 또는 타인의 학문이나 영혼 속에서 잠시 산책하는 것이라고 할 수 있다. 나는 이미 오래전부터 독서를 진지하게 여기지 않고 있다. 오히려 독서를 나의 진지함 속에서 길들이고 있다. 일에 몰두하고 있을 때 내 곁에는 단 한 권의 책도 찾아볼 수 없다. 누군가 나의 곁에서 쓸데없이 나불거리거나 혹은 생각하지 못하게끔 미리 차단해야 할 필요성이 있기 때문이다. 나 자신을 빨아들이는 행위야말로 진정한 독서라고 생각한다. 일종의 자기기만은 정신적 잉태의 첫 번째 본능이며 책략이다. 나는 타인의 사상이 몰래 성벽을 타고 올라와 나만의 성채를 침범하는 것을 너무 오랫동안 방치했다. 이것이 독서의 정체다. 힘든 집필의 시간이 끝나면 휴식이 찾아온다. 자, 오너라. 너희들 광기에 물든 책들이여, 멀리했던 나의 서적들이여.

무조건적 확신을
바라는 마음은
유약한 영혼의 반증이다

　모든 종류의 확신에 구애받지 않는 자유로움이 그를 지배하는 의지의 정체이기 때문에, 위대한 인간은 필연적으로 회의에 시달릴 수밖에 없다. 신념을 내던질 수 없다는 것, 긍정과 부정을 떠나 무조건적인 확신을 바라는 마음은 인간의 영혼이 유약하다는 것을 반증한다. 모든 취약함은 또한 의지의 약함이기도 하다. 신념에 사로잡힌 자는 필연적으로 인구가 적은 종족에게 환영을 받는다. '정신의 자유', 즉 본능으로서의 불신은 위대함의 전제 조건에 지나지 않는다.

이상을
전복시키는 것이
나의 임무다

이 사람을
보라

내가 약속할 수 있는 최후의 것은 오직 이것뿐이다. 나는 인간을 '개혁'할 것이다. 그렇다고 어떤 새로운 우상을 만들겠다는 뜻은 아니다. 저 낡은 우상들에 대해서는 진흙으로 만든 두 다리가 무엇에 걸려 넘어지는지만 알아내면 그만이다. 우상, 이것은 이상을 뜻하는 나만의 단어다. 우상을 전복시키는 것, 이것은 오래전부터 내 목숨을 걸고 수행해 온 나의 임무이다. 거짓 세계가 우리를 지배하는 동안 현실은 너무 오래도록 그 가치와 의의, 진실을 허무하게 빼앗겼다. 우리 시대의 진실과 허위는 현실의 다른 이름이었다. 이상은 허위였고 날조였으며, 인간에 대한 저주였다. 아직까지도 이 같은 저주에서 빠져나오지 못한 인간은 번영과 미래의 정반대적 가치를 숭배하고 있다.

고통은 항상
우리에게
원인을 묻는다

　우리는 타인에게 쾌감을 주거나 혹은 고통을 줄 때만이 타인이 나를 '인식'할 수 있다고 생각한다. 우리가 바라는 것은 오직 그것뿐이다! 우선 우리의 힘에 대해 '인식'할 필요가 있다고 생각되는 사람들에게 우리는 고통을 준다. 왜냐하면 누군가를 '인식'하는 데 쾌감보다 고통이 더 오래 지속되기 때문이다.

　고통은 항상 원인을 묻는다. 인간은 자신이 누군가 겪고 있는 고통의 원인이 되기를 희망한다. 반대로 쾌감은 원인을 묻지 않는다. 따라서 인간은 자신이 누군가의 쾌감이 되었다는 사실에 수치를 느낀다.

인간의
감정은
약속할 수 없다

    인간의 행동은 약속할 수 있지만, 인간의 감정은 약속할 수 없다. 인간의 감정은 변덕스럽기 때문이다. 누군가에게 언제까지 사랑하겠다든지, 언제까지 증오하겠다든지, 혹은 언제까지 충실하겠다는 약속을 서슴지 않고 실행에 옮기는 인간은 자신의 힘이 미치지 않는 일을 약속하는 것과 같다. 통상적으로 애정이나 증오에서 비롯되는 감정 혹은 이와 비슷한 동기에서 파생될 수 있는 행동이라면 약속해도 무방하다. 하지만 누군가를 언제까지 사랑하겠다는 약속은 내가 너를 사랑하는 한 나는 너에게 사랑의 행동을 나타낼 것이며, 내가 너를 사랑하지 않게 된 경우 너 역시 같은 동기에서 너 이상 나를 사랑하지 않게 될 것이라는 말과 같다. 이런 의미를 제대로 이해하지 못한 사람들의 머릿속에는 자신들의 애정은 변치 않을 것이며, 언제까지나 동일하게 유지될 것이라는 망상만이 껍데기처럼 늘어지게 된다. 자신에 대한 기만 없이 누군가에게 영속적인 애정을 약속하는 자가 있다면 그것은 껍데기가 영원하다고 말하는 것과 같다.

강동호 i am a robot 2019 | 캔버스 위에 아크릴 | 90x72cm

그리고 이제

학문에 있어서 놀라운 일은 요술쟁이 솜씨의 경탄할 만한 것에
대비된다. 왜냐하면 요술쟁이는 매우 복잡한 인과관계가
작용하는 곳에서 아주 단순한 인과관계를 보도록 우리의 흥미를
자아내려 하기 때문이다. 이와 반대로 학문은 모든 것이 쉽게
이해할 수 있는 것처럼 보이지만 우리로 하여금
단순한 인간관계에의 신뢰를 단념할 수밖에 없게 한다.

순수한 인식은
가끔씩 다가와
우리를 잠시 해방시켜 준다

노래하는 자의 의식이 느끼는 것은 의지의 주체, 즉 자신의 욕구이다. 이것은 해방된 혹은 충족된 환희로 나타나기도 하지만, 그보다 훨씬 자주 억압된 비애로 나타나곤 한다. 물론 그가 체험하는 인식의 환희와 비애는 항상 정열과 감동을 수반하는 것도 사실이다. 그러나 때로는 자연의 위대한 속성을 통해 노래하는 자는 욕구에 흔들리지 않는 순수한 인식의 주체로 자기 자신을 받아들이는 경우가 종종 있다. 이 흔들리지 않는 인식은 늘 제약과 충돌하며, 결핍에 시달리는 욕구의 충동과는 큰 대조를 이룬다. 이 대조에서 비롯되는 영혼의 갈등이 노래하는 자의 심리적 상태를 청중에게 전달하는 매개체가 되는 것이다. 이 같은 공감이, 즉 누구나 공유하는 순수한 인식이 욕구에서 우리를 잠시 해방시키고자 다가온다.

그렇지만 이 행복은 언제나 잠시뿐이다. 항상 반복적

으로 생산되는 개인적인 욕구는 우리를 고요한 인식 속에서 떼어 놓고자 갖가지 수단을 동원한다. 그러다 시간이 흐르고 우리의 영혼이 다시금 피로를 느낄 때 이 순수한 인식이 우리 곁에 살며시 다가온다. 그리고 우리의 욕망으로부터 잠시 벗어날 수 있도록 길을 안내해 준다.

사람들은
다가오지 않은
내일을 위해 살고 있다

친구들이여, 우리가 젊었을 때 우리는 고통스러웠다. 청춘, 그것은 마치 무거운 질병과도 같은 고뇌였다. 그 고통은 우리가 던져진 시대의 슬픔이었다. 우리들 청춘의 퇴폐와 분열은 시대의 고통이었다. 우리의 시대가 안고 있던 모든 연약함은 최상의 조건에 만족해야 할 청춘을 가로막았다. 우리 시대의 가장 큰 특징은 분열이다. 어느 한 군데에도 확실성이 없다는 점이다. 자신의 발로 이 땅을 디딜 수 있는 자가 없다. 단지 사람들은 다가오지 않은 내일을 위해 살고 있다. 모레는 감히 예측할 수 없기에 오직 내일을 그리워한다. 우리가 걷는 지표는 너무나 매끄럽다. 그래서 더욱 위험하다. 우리가 딛고 선 이 강물은 이제 막 살얼음이 끼었을 뿐이다. 우리는 모두 저 미지근한 바람의 기분 나쁜 숨결을 느끼고 있다. 우리가 걷고 있는 이 길도 머지않아 아무도 기억하지 못하는 길이 될 것이다.

아름다운 착각 5

밤이다.
이제 막 깨어난 샘물들이 소리 높여 외친다.
나의 영혼은 솟아오르는 샘물이다.
밤이다. 이제 막 깨어난 사랑의 노래가 들려온다.
나의 영혼은 사랑의 노래이다.
진정되지 않는, 아니 진정할 수 없는
그 무엇이 내 안에 있다.

별들의
존재 목적은
생명의 잉태가 아닐까

　하늘에 떠 있는 수없이 많은 별들이 지구와 마찬가지로 생명을 잉태할 유사한 조건을 갖고 있지만, 이러한 별들은 애초부터 생명체를 가지고 있지 않거나 생명을 한때 가졌다 해도 이미 오래전에 사라진 별들에 비하면 그 수가 너무도 작다. …… (생명체를 가지고 있는) 모든 별들에 있어서도 그 존재했던 시기를 측정해 보면 생명이란 한순간에 확 타오르고 만 존재였다는 것, 그리고 그 후에도 오랜 시간이 흘렀다는 것을 알 수 있다. 이야말로 생명이라는 것이 별들의 존재 목적이나 궁극적 의도가 아니었음을 보여 주는 게 아닌가?

일은
위대한 인간을
오해하게 만들 뿐이다

괴테는 독일에서뿐 아니라 전 유럽에서 하나의 돌발 사건이었으며, 아름다운 소비였다. 공공의 이익이라는 처참한 관점에서 예술가를 규정짓는 일은 위대한 인간을 오해하게 만들 뿐이다. 그들에게서 어떤 이익도 끌어낼 수 없었다는 점. 이것이 바로 위대한 예술이다.

빛을
사랑하는 만큼
그림자를 사랑한다

나의 친애하는 그림자여, 내가 너를 얼마나 무례하게 대했는지 이제야 깨달았다. 그동안 내가 너를 얼마나 기쁘게 생각했는지, 얼마나 감사했는지 단 한마디도 하지 못했지만 빛을 사랑하는 만큼 나는 그대를 사랑하고 있다. 얼굴에 아름다운 미소가 떠오르듯, 언어에 간결함이 전해지듯, 성격에 선량함과 견고함이 존재하려면 그림자가 있어야 한다. 빛과 그림자는 적이 아니다. 빛과 그림자는 늘 정답게 손을 잡고 있다. 빛이 사라질 때 슬며시 그림자도 어디론가 사라지는 것은 빛을 따라간 것이다.

우리의 이성이 멈춰 버리면 우리들은 서로에게 관대해질 것이다. 상대방에게 아무 말이나 해도 상관없고, 상대방이 아무 말이나 해도 상관하지 않을 것이다. 상대방이 대답할 수 없을 때를 골라 내가 하고 싶은 말을 한다. 이것이 유일한 규칙이다. 어느 정도 이야기가 길어지면 한 번은 바보가 되고, 세 번은 멍청이가 되겠지만.

위대한 예술가의 기준에 대한 착각

우리는 주관적인 예술가들은 결코 위대한 예술가가 될 수 없다는 편견에 사로잡혀 있다. 예술의 모든 장르와 모든 단계를 극복하기 위해서는 먼저 주관적인 것들로부터 벗어나야 한다고 생각하기 때문이다. '자기'로부터의 해방, 즉 개인적 의지와 욕망의 억제가 예술에서 절대적인 덕목이라고 착각한다. 결국 주관이 완전히 결여된 최소한의 예술적 창조만이 사람들로부터 위대한 예술이라는 칭송을 받는다.

강동호 lump 02 2021 | 캔버스 위에 아크릴 | 53x45cm

그리고 너희

진실로 나의 행복과 나의 자유가 폭풍처럼 밀려왔다.

그러나 나의 적들은 사악함이 자기들 머리 위에서 미쳐 날뛴다고

생각할 것이다. 그렇다, 나의 친구들이여.

너희도 역시 나의 사나운 지혜에 무서워 놀라게 되리라.

그리고 아마도 너희는 나의 적들과 함께 도망가 버리리라.

우리가 뒤집어쓴
가면 속에 숨겨진
환희의 절정

　　디오니소스적인 음악은 그리스인들에게 공포와 전율을 일깨워 주었다. 호메로스적인 아폴론의 리라에 익숙했던 그리스인들은 음악을 리듬의 물결이라고 생각했으며, 상태를 표현하는 데 필요한 조형으로 여겨 왔다. 아폴론의 리라는 한마디로 암시적인 음조에 불과했다. 하지만 디오니소스가 전파한 새로운 음악은 영혼을 흔드는 멜로디였다. 그는 여러 음을 한 가지 주제로 통합시키는 화음을 발명했는데, 이 디오니소스적인 화음을 처음 접한 그리스인들은 그동안 억제해 왔던 본능을 뛰어넘고 싶은 충동에 사로잡혔다. 한번도 느껴 보지 못한 이 황홀한 감정에 그들은 순간적으로 미쳐 버린 것이다. 인습적인 한 가지 음에 길들여진 그리스인들은 디오니소스적 음악에서 자연이 처음 잉태되던 순간을 떠올렸고, 아폴론의 리듬이 지배하던 이성에서 해방되어 마침내 자신의 인생을 포기하기에 이르렀다. 다음 날 아침,

이 모든 꿈에서 깨어난 그리스인들은 자신들의 모습을 발견하고 얼마나 놀랐던가! 그 놀라움은 디오니소스가 보여 준 환희 때문이 아니라 자신들이 뒤집어쓴 가면 속에 이토록 환희의 절정이 숨겨져 있었다는 두려움 때문에 비롯된 것이었다.

내 영혼은
사랑의
노래다

밤이다. 이제 막 깨어난 샘물들이 소리 높여 외친다. 나의 영혼은 솟아오르는 샘물이다. 밤이다. 이제 막 깨어난 사랑의 노래가 들려온다. 나의 영혼은 사랑의 노래이다. 진정되지 않는, 아니 진정할 수 없는 그 무엇이 내 안에 있다. 그것은 자신을 드러내고 싶어 한다. 사랑에 대한 열망이 내 안에서 스스로 사랑을 속삭인다.

나는 빛이다. 하지만 내가 밤이었다면 얼마나 좋을까. 빛에 둘러싸이는 것이 나의 적막이다! 내가 만일 어두운 밤이었다면 얼마나 좋을까. 나는 미친 듯이 빛의 가슴을 빨아들였을 것이다. 그대들 찬란한 별빛이여, 높이 솟구친 반딧불이여! 그대들은 자신을 축복하라. 그대들에게 허락된 빛의 은총을 기뻐하라.

나는 오직 내 안에서 몸부림치는 빛을 보며, 내 안에서 꿈틀거리는 불꽃을 마신다. 나는 받는 자의 행복을 모른다. 나는 가끔 훔치는 것이 받는 것보다 더 행복할지도 모른다는 생각에 빠져든다. 항상 남에게 베풀어야 한다는 것은 쓰라린 고통이다. 기다림에 지친 눈과 밤을 기다리는 니의 욕망은 나의 질투이다. 타인에게 베푼다는 것은 재난이다! 내 안의 그늘이여! 잠재울 수 없는 열망이여! 풍요 속의 빈곤이여! 나를 섭취하라. 나를 먹고, 마시고, 즐겨라. 베푸는 데서 비롯되는 나의 행복은 베풂으로써 끝나 버린다. 나는 베풀기 때문에 피곤해진다! 언제나 베풀기만 하는 자는 자신의 수치에 무감각해진다. 언제나 베풀어 주는 자는 받는 자들의 기쁨에 감사하지 않는다.

나의 눈은 더 이상 애원하는 자들의 수치에 눈물을 흘리지 않는다. 나의 손은 이미 굳어 버렸다. 눈물과 내 마음의 안식은 어디로 갔는가? 타인을 동정한다는 것은 적막이다. 저 빛나는 행성은 오늘도 황량한 공간을 지나 내 머리 위를 돈다. 모든 암흑에 대해 그는 빛으로 이야기한다. 그러나 나는 침묵을 지킨다. 이것이 빛나는 자에 대한 빛의 증오이다. 냉정한 저 행성은 정해진 궤도를 달린다. 그를 움직일 수 있는 것은 어디에도 없다. 그는 오직 정해진 길을 돌 뿐이다. 성난 폭풍처럼 행성은 그들의 궤도를 달린다. 이 길이 그들의 유일한 여행이다. 그들은 오직 확고한 의지만 따른다. 이 의지가 그들의 유일한 감정이다.

  내 곁으로 여름이 다가온다. 나의 손은 차디찬 감정을 위해 점점 더 뜨겁게 불타오른다! 나는 갈망한다. 그대들의 갈망을 갈망한다. 밤이 되었다. 나는 또다시 빛나야 한다. 이것이 나의 슬픔이다. 밤이 되었다. 나의 소망은 샘물처럼 다시 내 안에서 솟아오른다. 나는 말하고 싶다. 밤이 되었다. 이제 막 깨어난 샘물들이 소리 높여 외친다. 나의 영혼은 솟아오르는 샘물이다. 밤이 되었다. 이제 막 깨어난 사랑의 노래가 들려온다. 나의 영혼은 사랑의 노래이다.

예술 작품에는
표현된 진실을 융화시킬
성질이 필요하다

인간적인
너무나
인간적인

우리가 먹고 있는 빵은 식탁에 차려진 다른 음식의 맛을 중성화시킨다. 각각의 음식이 가진 고유의 맛을 씻어내는 역할에 만족한다. 그 때문에 오랜 시간 이어지는 만찬에는 항상 빵이 따라다닌다.

예술 작품에도 이런 빵이 필요하다. 작가의 수많은 내면이 담긴 작품이 하나의 주제로 통일되기 위해서는 각각의 내면이 표현한 진실을 융화시킬 수 있는 빵의 성질이 필요한 것이다. 만일 작품에 빵이 들어 있지 않다면 우리는 한 작품을 이해할 때마다 쉽게 피로해지거나 너무 빨리 반감에 휩싸이게 될지도 모른다. 그리고 마침내는 예술처럼 '상당한 시간이 소요되는' 식사가 영원히 불가능해질지도 모른다.

모든 아름다움은
생식을
자극한다

쇼펜하우어는 아름다움을 향한 우울한 정열을 갖고 있다. 그는 늘 이렇게 말한다.

"무엇을 위해서인가."

아름다움은 그에게 '의지'로부터의 해방이었다. 그의 주장에 따르면 아름다움이 우리를 영원한 구원으로 인도한다는 것이다. 그는 아름다움이 '의지'의 성역에서 우리를 구출한다고 주장한다. 아름다움에 넋이 나간 인간은 생식의 충동에서 벗어날 수 있다고 확신하는 것 같다. 그는 한마디로 기묘한 성자다! 하지만 누군가 그의 주장에 항의하고 있다. 항의의 주제는 아마도 자연일 것이다. 자연이 발휘하는 음조, 색채, 향기, 율동적인 운동 속에는 왜 아름다움이 숨겨져 있는 것일까. 자연은 왜 우리에게 아름다움을 제시하는 것일까. 다행히 인간을 대표해 어느 한 사람의 철학자가 그에게 조용히 항의했다. 성스러운 플라톤(쇼펜하우어 자신이 그렇게 부르고 있다)의

권위는 쇼펜하우어에 반대되는 명제를 지지하고 있다.

"모든 아름다움은 생식을 자극한다. 가장 관능적인 것에서부터 가장 정신적인 것에 이르기까지. 이것이야 말로 아름다움이 작용하는 고유성이다."

먼 데서 들려오는 바람이 음악처럼 느껴질 때 인간은 행복하다. 음악이 없었다면 인생은 오류에서 벗어날 수 없었을 것이다. 독일인은 신마저도 천상에서 노래를 부르고 있다고 생각한다.

강용호 man 2019 | 캔버스 위에 아크릴 | 72x53cm

그리고 니체

아름다움에 대한 우리들의 감정보다 더 제한된 것은 없다.
인간이 인간 자신에 대해 느끼는 기쁨으로부터 아름다움을
분리시키려고 했던 사람들은 누구나 곧 자기 발밑의 지반이
꺼지는 것을 알 수 있다. 따라서 미 자체라는 것은
말에 불과할 뿐이지 하나의 개념도 되지 못한다.

신은
모든 세상을
너무도 아름답게 만들었다

잘 들어라. 내가 신학자로서 말하는 경우는 아주 드문 일이니까. 그 위대한 역사를 창조한 후 뱀이 되어 지혜의 나무에 몸을 두르고 있었던 존재는 다름 아닌 신 자신이었다. 그가 신이라는 목적에서 해방된 것은 바로 이때부터였다. 그는 모든 것을 너무나 아름답게 만들었다. 단지 아름다움을 만든 것에 만족할 수 없을 만큼 그가 만든 세상은 아름다웠다. 그래서 신은 스스로 피조물이 되었다.

침묵은 상대방을 배려하지 않는다. 그러므로 침묵은 가장 잔인한 위선이다. 침묵은 자신의 불평을 삼켜 버림으로써 상대방의 가치를 훼손한다. 오히려 예의에서 벗어난 따끔한 충고나 불평이 훨씬 인간적이고 솔직한 미덕이다.

인생이란
진정 황홀한 것이
아닌가!

인생이란 진정 황홀한 것이 아닌가! 어떤 자는 스스럼 없이, 어떤 자는 말 못할 고민으로, 또 어떤 자는 연민과 자비로 이 삶을 누리고 있다. 인간의 생존을 존중하지 않는 것이 축복이라는 교훈을 남긴 채 자신도 이 생존에서 살아남지 못했다는 사실을 자각하며, 가장 아름다운 인생의 열매는 죽음을 받아들이는 것이다.

그녀에게
매혹당하지 않고는
버틸 수가 없다

어떤 자는 그녀를 탐내지만 손에 넣지 못하고, 어떤 자는 면사포를 걸친 그녀를 상상하며, 어떤 자는 그물 밖에서 그녀를 찾는다. 그녀가 얼마나 아름다운지 나는 확실히 알지 못한다. 다만 늙은 잉어마저 그녀에게 매혹되어 물 밖으로 뛰쳐나올 정도라는 것을 알 뿐이다.

그녀는 변덕스럽고 제멋대로 군다. 나는 종종 그녀가 입술을 깨물며 머릿결을 반대로 빗는 모습을 보았다. 그녀는 작은 악마이며 성실과는 거리가 멀다. 그녀가 아무리 아름다울지라도 그저 평범한 여자에 불과하다. 하지만 그녀가 스스로를 나쁘게 말하며 눈물을 흘릴 때, 나는 유혹당하지 않고는 버틸 수가 없다.

가끔은
이곳에도
음악이 흐른다

우리는 높은 산에 둥지를 마련했다. 위험을 알면서도 결핍을 고수할 수밖에 없다. 기쁨은 늘 짧은 태양과 함께 사라지고, 흰 눈이 쌓인 산들을 피해 우리에게 다가오는 햇빛은 하나같이 창백하기만 하다.

가끔은 이곳에도 음악이 흐른다. 옛 가락을 기억하는 한 노인이 오르간을 연주하면 아이들은 제멋대로 춤을 추며 원을 그린다. 이 모습을 본 나그네의 마음이 착잡해진다. 너무나 황량하고, 너무나 닫혀 있고, 너무나 퇴색했고, 아무리 찾아봐도 희망이 없다.

어느새 저녁 안개가 밀려오면 나그네는 너무 오래 머물렀다는 사실을 자책한다. 나그네의 발걸음이 삐걱거린다. 눈에 보이는 것은 황막하고 잔인한 산등성이뿐이다.

122

존재의 가치 6

지구상에는 수많은 오물이 존재한다.
여기까지는 진실이다.
그러나 이 세계를 거대한 오물로 지칭할 순 없다.
악취를 풍기는 것마다에는 지혜가 숨겨져 있다.
구토가 날개를 만들고, 샘물을 발견한다.

거대하고
섬뜩한 그림자,
신은 죽었다

부처가 죽은 뒤에도 인간들은 여전히 수 세기 동안 한 동굴 속에 그의 그림자를 안치시켰다. 거대하고 섬뜩한 그림자를. 신은 죽었다. 그러나 인간의 종이 존재하기에 수천 년에 걸쳐 신의 그림자가 나타나는 동굴이 존재하는 것이리라.

그들은
그렇게 믿고
버틴다

  그들은 자신들의 비참함이 신에 의해 선택받은 표시이며, 마치 사람들이 가장 사랑하는 개를 때리는 것과 같다고 말한다. 또한 그들은 비참함도 하나의 시련이나 준비, 훈련 같은 것일지 모르며 언젠가 이자까지 붙여 행복으로 변상될 것이라고 믿는다.

세상에
선과 악은
왜 존재하는가

　　나는 나의 늙은 악마이며 불구대천의 원수인 그가 창
조한 것들, 즉 강제와 규정, 필요와 귀결, 목적과 의지,
선과 악을 재발견했다. 왜냐하면 춤춰 넘어야 할, 춤춰
건너야 할 대상이 존재해야만 되지 않겠는가? 가벼운
자, 가장 가벼운 자를 위해서 두더지와 무거운 난쟁이들
이 존재해야 되지 않겠는가?

강동호 보이지 않는 힘 2019 | 캔버스 위에 아크릴 | 72x90cm

그리고 나체

허영심은 사람이 자신의 나쁜 성질이나 죄를 숨기거나
모두 공공연하게 고백하든 어느 경우에 있어서나
이를 통해 이득을 보려고 한다.
어떤 사람에게 이러한 성질을 숨기고
또 누구에게 정직하고 솔직하게 말할 것인가를
그가 얼마나 교묘하게 분간하는지 주의해서 살펴보라.

그들은
늪에 빠진
이상주의자였다

위대한 시인들, 예를 들어 바이런, 뮈세, 포, 레오파르디, 클라이스트, 고골 등은 순간적인 인물들이며 관능적이고 불합리하다. 그들은 대개 숨겨진 사연이 많고, 믿음과 불신에 대해 항상 경솔한 판단을 내린다. 작품 속에 드러난 그들의 영혼은 우리에게 균열의 심각성을 일깨워 준다. 그들의 작품은 내적인 모멸감을 잊기 위한 복수이며, 자신을 물고 늘어지는 고통으로부터의 도피이다. 한마디로 그들은 늪에 빠진 이상주의자였다.

방랑자에게
목표는 존재하지
않는다

　아주 희미하게라도 이성의 자유에 이른 자는 지상에서 스스로를 방랑자 이외의 어떤 존재로도 느낄 수 없다. 여행자는 하나의 최종 목표를 향해 가는 것이 아니다. 이런 목표 따위는 애초부터 존재하지도 않는다.

　자유로운 정신의 소유자는 정신 자체를 사색할 줄 안다. 또 정신에 수반되는 원칙이나 방향의 진상을 은폐하려고도 하지 않는다. 그 때문에 다른 사람들은 그를 위험한 적으로 간주하며, 경멸과 공포의 감정으로 '비관주의자'라는 꼬리표를 달아 줄 것이다. 원래 인간은 한 개인을 정의 내릴 때 그만이 소유한 탁월한 재능과 감각 대신 가장 배타적인 이미지를 찾아내 덧씌우는 재주를 타고났기 때문이다.

　우리들은 어리석게도 비밀을 털어놓는다. 그것이 우리들의 신뢰를 나타내는 가장 확실한 방법이라고 생각한다. 하지만 우리의 친구가 자신에 대한 비밀을 접한 후

겪게 될 고통이라든가 배신감에 대해서는 전혀 신경 쓰지 않는다. 그 결과 우리는 오래 사귄 친구를 잃고 만다.

추상적 표현을
남발하는
형편없는 예술가

호메로스는 어떻게 동시대의 다른 시인들보다 훨씬 구체적인 묘사를 할 수 있었을까? 그만큼 많이 관찰했기 때문이다. 우리가 시를 통해 이토록 추상적인 표현을 남발하는 까닭은 무엇일까? 우리가 그만큼 형편없는 예술가이기 때문이다.

오히려
살아 있는 사람은
그림자처럼 보인다

인간적인
너무나
인간적인

    나 역시 오디세우스처럼 저승에 다녀왔고 앞으로도 자주 다녀올 것이다. 나는 몇몇 사자를 만나기 위해 숫양뿐 아니라 나 자신의 피조차도 아끼지 않고 바쳤다. 나의 제물을 받아 준 사람은 오직 에피쿠로스와 몽테뉴, 괴테와 스피노자, 플라톤과 루소, 파스칼과 쇼펜하우어뿐이었다. 나는 지금까지 이들과 함께 여행을 다녔다. 나는 여행하는 도중에도 이들에게 뭔가 배우고 싶었고, 내 생각의 옳고 그름에 대해 평가받고 싶었다. 내가 무엇을 이야기하든 나는 언제나 저 여덟 명의 눈동자를 주시하고, 그들 역시 나를 지켜본다.

    살아 있는 사람들에겐 미안한 말이지만 이 살아 있는 사람들이 가끔 그림자처럼 보일 때가 있다. 그들은 늘 창백하고, 불쾌하며, 불안하다. 그런데도 생에 대한 이 탐욕스러움은 포기하지 않는다!

상실이라는
치유 수단을 가진
인간의 존재

상실이라는 치유 수단을 갖고 있지 못한 인간은 더 이상 자신의 존재를 믿으려 하지 않는다. 그는 사물이 흩어져 점으로 회귀하는 생성의 흐름 속에서 자신을 상실하는 것이다. 그의 삶은 결국 헤라클레이토스의 제자들처럼 손가락조차 움직이려 하지 않는다.

악취를 풍기는 것마다 지혜가 숨겨져 있다

차라투스
트라는
이렇게
말했다

지구상에는 수많은 오물이 존재한다. 여기까지는 진실이다. 그러나 이 세계를 거대한 오물로 지칭할 수는 없다. 악취를 풍기는 것마다에는 지혜가 숨겨져 있다. 구토가 날개를 만들고, 샘물을 발견한다. 아무리 훌륭한 책이라도 읽다 보면 어떤 구역질이 끓어오르게 하는 지혜가 숨겨져 있다. 오, 나의 형제여. 세상이 오물로 뒤덮였다는 말은 세상이 지혜로 가득 차 있다는 말과 같은 뜻이다.

강동호 **lump 8** 2021 | 캔버스 위에 아크릴 | 53x45cm

그리고 니체

높은 산 위에서 교활하게 그리고 비웃으며,
인내심 없는 자도 아니고 인내심 있는 자도 아닌,
인내라는 것까지도 잊어버린 자로서
나는 몰락하기 위하여 여기서 기다리고 있다.
왜냐하면 인내심을 더 이상 참지 못하기 때문이다.

조금씩 싸늘해짐을
다행스럽게
여긴다

　오류가 조용히 우리 곁으로 다가온다. 그런데 우리는
반박할 수가 없다. 다만 차갑게 얼어 버릴 뿐이다. 먼저
버림받은 천재들이 얼어 버린다. 저쪽 구석에서 잊혀진
성자들이 얼어 버린다. 두꺼운 기둥 밑에서 영웅들이 얼
어 버린다. 마침내 신앙이, 그리고 신념이 얼어 버린다.
동정심도 더는 버틸 힘이 없다. 그나마 조금씩 싸늘해지
는 것을 다행스럽게 여긴다.

　내가 동정을 비난하는 까닭은 그것이 수치에 대한 감
정을 쉽게 잊어버리기 때문이다. 타인을 동정한다는 것
은 한마디로 무례한 짓이다. 동정은 운명을 파괴하고,
치명적인 고독에 특권을 부여하며, 거리낌 없이 죄를 용
서한다. 인간은 자신이 누군가를 동정할 때 느껴지는 고
귀한 감상 때문에 이 무례한 괴물에게 도덕의 관념을 덧
씌웠다.

인내와 규범에
매몰되어
몰락해 버린 개체들

보라! 지혜의 신 아폴론도 디오니소스 없이는 존재할
수 없었노라! '영웅적인 것'과 '야만적인 것'이 공존할
수밖에 없다는 사실은 아폴론의 존재처럼 필연적이었다.

이제 한번 생각해 보자. 이 가상과 규범 위에 인공적
인 담장을 두른 우리의 세계 속으로 어떻게 저 디오니소
스가 베푼 황홀한 축제가 스며들 수 있었는지, 어떻게
저 마법의 선율들이 우리를 감염시킬 수 있었는지. 이
선율 속에 흐르는 즐거움과 고통 그리고 과도한 인식에
사로잡힌 저 자연의 섭리는 대체 어디서 시작된 것인지.
백성들을 현혹시킨 이 악마적인 노래에 대해 아폴론을
따르는 단조로운 예술가들의 하프 소리가 대체 무엇을
할 수 있었단 말인가. 예술의 여신 뮤즈는 진리의 도취
앞에서 혈색을 잃었다. 인내와 규범에 매몰된 개체들은
이제 디오니소스적 자기 망각으로 몰락해 버렸다.

내가 진정으로 두려워하는 것은 우리가 오늘날 자연적인 것과 현실적인 것을 찬양하며 도달한 세계가 모든 이상주의와 정반대되는 지점, 즉 밀랍 인형이 전시된 진열장 같은 곳이라는 데 있다.

삶을 창조하겠다는 것은 파멸이자 모욕이다

인간이 세상에 살아 있다는 것 혹은 삶을 창조하겠다는 것, 그것은 파멸이자 모욕이다. 이를 단죄하려면 저 질곡의 교양 속에 세워진 울타리에 증오를 퍼붓는 수밖에 없다. 그리고 생산적인 정신을 창조자이며 구원자인 신의 운명으로 대신하고 고독한 지식인, 버림받은 현자로 생을 마친다. 이는 너무나 고통스러운 광경이다.

그는 자신에게 속삭인다. 무엇을 선택해야 하는가? 이 깊은 인식 외에 무엇이 남아 있단 말인가. 그는 자신의 인식을 선언하고, 두 손 가득 움켜쥐고, 땅에 뿌리고, 하나의 욕구를 심는다. 이 강렬한 욕구로부터 언젠가 행동이 발생할 것이다. 나는 이 위급한 욕망과 인식이 어디에서 비롯되었는지 분명히 밝히고 의문을 남기지 않기 위해 나의 증언을 분명히 기록해 둬야 한다.

물질적 인간보다
도덕적 인간이
더 위험하다

　도덕적 인간은 물질적 인간보다 더욱 위험하다. 왜냐하면 물질은 도덕을 잠재울 수 없으나, 도덕은 물질의 가치를 잠재울 수 있기 때문이다. 이 명제는 역사적 인식으로 단련되어 언젠가는 아마도 가까운 장래에 인류의 형이상학적 요구를 찍어 버릴 도끼로 사용될 것이다. 그것이 인류의 축복이 될지 혹은 저주가 될지 지금으로서는 말하고 싶지 않다.

　복수란 어리석은 짓을 최대한 빨리 회복시키는 일이다. 비유컨대 레몬의 신맛을 혀에서 없애기 위해 꿀을 먹는 것과 비슷하다. 레몬에 대한 최고의 복수는 바로 꿀이기 때문이다.

나도 이젠
늙었지만
계속 배우고 있다

정치를 하는 인간들은 공부는 하지 않고 돌아가는 상황만 지켜보다가 필요할 때 판단을 내릴 뿐이다. 그런데 정치인도 아니고 또 정치에 관심도 없었지만 결국 정치를 통해 엄청난 업적을 남긴 솔론은 아테네 시민들에게 이런 말을 남겼다.

"나도 이젠 늙었다. 하지만 계속 배우고 있다."

처음 만나는 사람 혹은 아직 완전히 파악되지 않은 사람과 만났을 때 모두가 잘 아는 진부한 사상에 대해 떠들고 자신과 약간이라도 친분이 있는 지인이나 여행에 관해 이야기하는 까닭은, 자신들이 그다지 대단한 인물이 아니라는 것 그리고 그렇게 경계할 필요가 없다는 것을 보여주고 싶기 때문이다.

강동호 빛을 가진 사람 1 2020 캔버스 위에 아크릴 72.7×60.6cm

그리고 니체

서로 사귀면서 아첨으로 우리들의 주의력을 흐리게 만들려고 하는
자들은 위험한 약, 예컨대 최면제를 사용하고 있는 자들과 같다.
그리하여 이 약은 우리들을 잠들게 하지 못하면
더욱 잠 못 이루게 만들고 만다.

우리는 삶을
경멸하기 위해
영혼을 날조했다

　　개인이나 민족이 아닌, 인간의 자격으로 인류는 엄청난 잘못을 저질렀다! 우리는 삶을 경멸하기 위해 영혼과 정신을 날조했다. 삶의 전제인 성을 더러운 것으로 가르쳤다. 생장의 기본 덕목인 이기심을 수치로 비하했고, 쇠퇴의 전형적 징후인 희생에 가치를 부여했다. 그리고 모순과 상실과 개성과 이웃을 신념으로 둔갑시켰다!

　　나는 무엇을 말하고 있는가? 내가 말하려는 것이 인간의 퇴화인가? 아니다. 내가 말하려는 것은 결코 인간의 퇴화가 아니다. 우리의 시작이 이미 퇴화였다! 그래서 우리들은 퇴폐적인 가치를 최고의 선으로, 자기기만을 윤리로 가르쳤던 것이다. 우리가 가르치는 도덕의 근본은 배척이다. 그것도 자아의 배척이다! '나는 언젠가 파멸 한다'라는 인식을 '우리 모두는 파멸해야 한다'로 잘못 번역한 것이다!

하루의 반도
나를 위해 쓰지 못한다면
노예일 뿐이다

활동가는 보다 높은 수준의 활동에 거부감을 드러낸다. 여기서 말하는 좀 더 높은 수준의 활동이란 개성적인 활동을 뜻한다. 그들은 관리, 상인, 학자로서 활동하며 많은 장르를 개척했지만 특정한 덕목을 갖춘 개인으로 활동하지는 못한다. 이런 점에서 비춰볼 때 한마디로 그들은 나태하다. 어느 시대나 그렇듯이 오늘날에도 인간은 노예와 자유인으로 분리된다. 만약 하루의 3분의 2 정도를 자신을 위해 사용할 수 없는 인간이라면, 그가 정치가이든 상인이든 혹은 관리나 학자이든 그저 노예일 뿐이다.

웃으며
자신을 내던지는
방법을 배우라

좋은 종자일수록 수확이 기대만큼 풍요롭지 않다. 그대들, 보다 높은 존재들이여, 너희들은 모두 더러운 인종이 아닌가. 실망하지 말라. 인종 따위가 무슨 소용인가. 아직도 배워야 할 것이 많다. 세상 사람들의 실없는 웃음을 너희도 이제 배워야 할 때가 되었다.

그대들, 파멸의 자식들이여, 그대들이 부족하다고 해서 이상할 것이 무엇인가. 그대들은 이미 인간의 미래와 충돌하고 있지 않은가. 영혼의 가장 깊은 곳, 별처럼 높은 곳, 그 거대한 힘, 이것들이 모두 그대들의 영혼 속에서 거품을 뿜고 있지 않은가. 이상한 일이 무엇인가. 세상 사람들이 웃지 않고는 못 배기는 것처럼 그대들은 웃으며 자신을 내던지는 방법을 배워라. 그대들, 보다 높은 존재들이여, 아직도 가능한 일이 얼마나 많은가.

움직이는 권력

7

언젠가 인간이 날아다니는 법을 배우게 되면
모든 경계가 다시 정해질 것이다.
경계는 더 이상 지상의 소유가 될 수 없을 것이다.
대지는 '가벼운 것'이라는 말로
새롭게 명명될 것이다.

예술적 수완은
혼돈과 반대되는
변화이다

상하 질서, 능력 간의 거리, 서로 간에 독립적이면서도 적대적으로 만들지 않는 기술, 어떤 것도 혼합하지 않으며 어떤 것과도 화해하지 않는 것, 그럼에도 혼돈과는 반대되는 저 거대한 변화는 비밀스런 과업이자 예술적 수완이다.

당신이 작가라고 했을 때 완벽한 독자를 상상해 보면 그 완벽한 독자란 항상 용기와 호기심이 어우러진 하나의 괴물로 변하곤 한다. 게다가 그는 순종적이면서도 교활하고 조심스럽다. 그는 또한 하나의 타고난 모험가요 발견자이기도 하다.

영원히
생동하는
순진무구한 놀이

　생성과 소멸, 건축과 파괴는 아무런 도덕적 책임도 없이 영원히 동일한 무구無垢의 상태에 있으며, 이 세계에는 오직 예술가와 어린아이의 유희만이 있을 뿐이다. 어린아이와 예술가가 놀이를 하듯 영원히 생동하는 불은 놀이를 하며, 무구하게 세웠다가 부순다. 영겁의 시간은 자신과 놀이를 한다. 마치 아이가 바닷가에 모래성을 쌓았다가 부수듯이. …… 이따금 그는 놀이를 새롭게 시작한다.

범죄자는
자기의 죄상이 밝혀지리라고
생각지 않는다

　　범죄자는 여성이 임신하는 원리와 비슷한 방법으로 형벌을 받는다. 그들은 자신의 범죄가 나쁜 결과를 초래하리라고는 꿈에도 생각지 않으며, 수십 번 수백 번 같은 행위를 되풀이한다. 그러던 어느 날, 갑자기 모든 죄상이 낱낱이 폭로되어 형벌이 주어지는 것이다.

．

강동호 **KING** 2019 | 캔버스 위에 아크릴 | 90×72cm

그리고 니체

불평에는 저마다 복수심이 들어 있다.

인간은 자기가 비천하다는 느낌 때문에, 그리고 때로는

자신의 비천한 처지 때문에도 자기와는 다른 사람들을 비난한다.

흡사 그들이 불의를 범하고 용인될 수 없는

특권을 소유하고 있는 것처럼 말이다.

오류는
두려움의
피조물이다

정신이 진리를 견딜 수 있는가. 정신이 진리에 감히 맞설 수 있는가. 이것이 나에겐 가장 중요한 가치이다. 오류는 맹목 때문이 아니다. 오류는 두려움 때문이다. 인식이 얻어 낸 모든 성과, 진리를 향한 첫발은 용기의 피조물이다.

비겁한 마법사를
물어뜯을 줄
알라

아, 늙은 마술사 클링조르! 그대는 영혼의 비겁함에
만족한다는 것인가! 인식에 대한 그대의 증오는 일찍이
없었던 것이다! 사람들은 그대에게 넘어가지 않도록 견
유학파가 되어야만 한다. 사람들은 숭배하지 않기 위해
물어뜯을 줄 알아야 한다. 좋다, 이 늙은 유괴자야! 네게
경고한다. 너는 개를 조심하라.

약속된 시간이
도래할 때까지
성숙하라

그대들 젊은 영혼 속에 미래를 건설하라. 아류라는 미신을 배척하라. 그대들이 미래의 삶을 지향할 때 무엇이 필요한지는 스스로 알게 될 것이다. 그 대신 역사를 향해 아무것도 묻지 말라. 반대로 역사에게 그대를 드러내라. 그리고 약속된 시간이 도래할 때까지 조용히 성숙하라. 그대들을 지배하고 착취하기 위해 성숙시키지 않는 것이 유리하다고 생각하는 저 현대 교육이 완전히 마비될 때까지 기다려라.

앞으로 그대들의 전기는 통속소설 같은 유치한 제목이 아니라 시대를 거스른 투사들로 그려질 것이다. 플루타르크를 상기하라. 사라진 영웅들을 추억하라. 그들의 믿음이 세상을 어떻게 변화시켰는지 확인하라. 이런 비근대적인 교육으로 백여 명의 젊은이만 육성시킬 수 있었다면 이 떠들썩한 사이비들의 세계를 영원히 침몰시킬 수 있었을 것이다.

대지와 인생은
아직 우리에겐
너무 무겁다

언젠가 인간이 날아다니는 법을 배우게 되면 모든 경계가 다시 정해질 것이다. 경계는 더 이상 지상의 소유가 될 수 없을 것이다. 대지는 '가벼운 것'이라는 말로 새롭게 명명될 것이다. 타조는 빨리 달리지만 가끔 머리를 땅에 처박곤 한다. 아직 날 수 없는 인간도 이와 마찬가지다. 대지와 인생은 아직 우리에겐 너무 무겁다. 우리가 하늘을 날 수 있으려면 자기 자신을 사랑해야 한다.

최초의 발견자는
멍청한 저
공상가였다

독창적이란 무엇인가? 그것은 새로운 것을 처음 보는 것이 아니라 오래된 것, 예전부터 잘 알려진 것, 누군가의 눈에 띄기는 했지만 간과되었던 것을 새롭게 받아들이는 행위는 진실로 독창적인 두뇌를 소유하고 있다는 증거이다. 최초의 발견자는 항상 멍청한 저 공상가, 다시 말해 우연이라는 녀석이었다.

심판관이 되고자 하는 엄격한 조직가들

어떤 예술적인 협회를 조직하는 사람들은 자신들의 감수성을 세상에 관철시키려고 안달이 나 있다. 그들은 예술과 예술가에 대한 심판관이 되고 싶어 한다. 그리고 자신들이 소화해 내지 못한 엄격하고 고상하며, 양심적인 교육에 대한 무관심을 조장하려 한다.

강동호 **angel mine** 2022 | 캔버스 위에 아크릴 | 53x45.5cm

그리고 미혜

반박이 가능하다 해서 어떤 한 이론이 매력을 잃는 법은 없다.
오히려 그러한 반박 가능성 때문에 똑똑한 사람들은
그 이론에 끌려들어가기도 한다. 자유 의지의 이론이
수백 번이나 반박 되었으면서도 여전히 효력을 유지하는 것도
이러한 매력 덕분이 아닌가 싶다.

여성은
더 강한 자기애를
갖고 있다

여자들은 오직 자신만을 사랑한다. 이것은 아주 오래 전부터 전해 내려온 속설이다. 복수에 불타는 여자들이 남자보다 더욱 대담하게 운명에 맞설 수 있는 것도 남자보다 여자가 더 강한 자기애를 갖고 있기 때문이다. 게다가 여자는 천성적으로 남자보다 훨씬 사악하다. 그것도 아주 영리하게 사악하다. 따라서 어떤 여자가 보기 드물게 선량하다는 것은 그녀가 보기 드물게 변태적이라는 것을 뜻한다.

최근에 여자들은 조상들이 겪어 보지 못한 새로운 생리학적 병증과 마주쳤다. 그것은 다름 아닌 동등권의 요구이다. 이 동등을 위한 투쟁은 가히 병적 징후에 가깝다. 나를 미쳤다고 판단한 대부분의 정신과 의사들도 이를 시인했다. 이 같은 투쟁에 뛰어든 여자들은 양성 간의 싸움에서 우선권이 자신들에게 주어진다는 사실을 충분히 활용하고 있다. 그렇기 때문에 나는 남성이 지배하고 있는 사회학적인 접근이 아니라 철학적으로 이 문제에 접근해야 할 필요성을 느꼈다.

대체 왜 어지 둘은 남자의 사랑으로도 모자라 이제는 그 권리마저 찬탈하려는 것인가에 대한 철학적 해답이 필요하다고 생각했다. 어떻게 하면 여자를 치료할 수 있을까? 어떻게 해야 그녀들을 구제할 수 있는 것일까? 나의 대답은 이렇다. 그녀들은 어린아이가 필요하다. 즉 그녀들에겐 임신 기간이 필요한 것이다. 여자에게 남자란 항상 수단에 불과했다. 거리에 나부끼는 저 '여성해방'의 목소리, 이것은 아이를 생산할 수 없는 여자들의 분노이다. 더 정확히 말하자면 임신에 필요한 남자를 얻지 못했다는 상실감의 표현이다. 더 자세히 살펴보면 자신들의 '수단'을 강탈한 같은 여자들에 대한 증오다. 여성해방론자들이 적으로 상정한 남성은 그저 수단일 뿐이며 전술에 불과하다. 그녀들은 자신들이야말로 진정한 여성이며, 말이 통하는 고급 창녀이며, 이상주의자라고 내세움으로써 동시대의 같은 여자들을 깎아내리려는 것이다. 고등교육과 양복바지, 그리고 참정권은 여성에 대한 여성의 투쟁에 필요한 무기일 뿐이지 요구가 아니다. 따라서 남자로부터 해방된 여자들은 여성적인 세계마저 부정하는 무정부주의자로 전락할 공산이 크다.

권력에 대한
경의가 사라진 곳은
몰락한다

반그리
스도

　나는 삶을 성장, 존속, 힘의 증가, 권력에 대한 복종이
라고 생각한다. 따라서 권력에 대한 경의가 사라진 곳은
몰락한다. 내가 하고 싶은 말은 현재 인류가 모든 가치
에 대한 의지를 상실했으며, 대신 허무주의적 몰락에 신
성한 이름을 헌사하고 그토록 혐오하는 지배력을 부여
했다는 점이다.

청춘의 고뇌

8

청년은 항상 누군가를 숭배하거나,
누군가 때문에 분노한다.
그는 사물을 위조하고 그것에 자신의 격정을
남김없이 쏟아 버린다.
따라서 청춘이란, 사기이며 허상이다.
그의 환멸은 세계가 아닌 자기 자신에 대한
폭력이며, 그의 자해는 다가올 미래에 대한
양심의 가책이다.

특권이라는 명분으로
고뇌까지
떠넘기려 한다

오늘날 세상을 살아가는 인간들은 단지 미래의 태아일 뿐이다. 즉 미래의 인간상을 확립하게 될 갖가지 형상들이 현대인의 영혼 속에 각인되어 있다. 이 거대한 형상들은 현대를 살아가는 개체들에게 미래를 결정지을 수 있는 특권을 하사한다는 목적 아래 형상이 안고 있는 고뇌까지 떠넘기려 한다. 이것이 바로 우리 시대를 지배하는 고뇌의 정체이다.

개체의 개별화에 더 이상 기만당해서는 안 된다. 실상은 무언가가 개체의 가장 밑바닥에서 계속 흘러내리고 있다. 개체가 자신을 개별적이라고 느끼게 되는 가장 큰 이유는 목표를 향해 내달리는 길에서 마주치는 성찰 때문이다. 개체가 개체의 행복을 요구한다는 것은 그들 상호 간에 맺은 언약을 파기하지 않기 위한 수단에 불과하다.

인간은
한마디로
고뇌하는 동물이다

　지구상에는 수없이 많은 동물들이 살고 있다. 그들 중 인간이 어떤 동물보다 병약하며 불안정하고, 변화하기 쉽고, 불확정적이라는 것은 의심할 여지가 없다. 인간은 한마디로 고뇌하는 동물이다.

　인간이 다른 동물보다 빠르게 반응하고, 운명에 반항하고, 미래에 도전하는 습성을 타고났다는 것은 확실하다. 위대한 자기 실험의 희생양이 된 인간, 최후의 지배를 찾아 동물·자연·신들과 전투를 벌이는 인간, 그 어느 것으로도 만족을 느낄 수 없는 인간, 지칠 줄 모르는 욕망을 소유한 인간, 영원한 미래를 꿈꾸는 인간, 자신의 투지 때문에 안식을 찾지 못하고 그로 인해 현재의 육체를 파멸로 이끄는 인간, 이 용감하고 풍요로운 동물은 자신의 용기와 풍요로움 때문에 지상의 동물 중 가장 무거운 머리와 괴로운 심장을 갖고 태어난 것이 아닌가.

166

무덤까지 가져가려는
소유물들은
모두 헛되다

"방금 나는 칸트에 대해 깨달았습니다. 그리고 지금
부터 당신에게 하나의 사상을 전하려 합니다. 이것이 나
의 경우와 마찬가지로 당신을 충격에 몰아넣고, 흔들
고, 깨울 수 있기를 고대합니다. 우리가 진리라고 부르
는 것이 진정 진리인지 혹은 그렇게 보일 뿐인지 우리는
결정할 수 없습니다. 만약 후자가 진실이라면 우리가 죽
은 다음 모든 것이 사라지게 될 것입니다. 그리고 우리
가 무덤 속까지 가져가려는 소유물들은 모두 헛된 것이
될 뿐입니다. 나의 철학이 당신의 심장을 찌르지 못했더
라도 부디 비웃지 말아 주십시오. 아무런 상처를 입지
않았더라도 부디 침묵해 주십시오. 나의 유일한 목표는
이미 사라졌습니다. 나는 이제 아무것도 원하지 않습니
다."

강동호 **angel mine** 2022 | 캔버스 위에 아크릴 | 72x53cm

그리고 너에게

가면으로서의 평범함이라고 하는 것은 대중에게,
즉 범인들에게 꾸밈이라는 것을 꿈에도 생각지 못하게 하므로
뛰어난 정신이 붙일 수 있는 가장 알맞은 가면이다.
그러면서도 그는 이 가면을 자극하지 않기 위해
때로는 동정과 친절에서 그들 때문에 쓰는 것이다.

최상급의 여행자는
습득한 지혜를
활용하며 산다

　여행자를 다섯 등급으로 나눠 생각해 보도록 하자. 먼저 최하급 여행자들은 남에게 관찰당하는 여행자들이다. 그들은 여행의 대상이며 장님이다. 다음 등급의 여행자들은 스스로 세상을 관찰하는 여행자들이다. 세 번째 등급의 여행자들은 관찰한 결과를 체험하는 여행자들이다. 그보다 한 단계 높은 여행자들은 체험한 것을 습득해서 계속 몸에 지니고 다니는 여행자들이다. 마지막으로 최고 수준의 여행자들은 관찰한 것을 체험하고 습득한 뒤 집으로 돌아와 일상적인 생활에 반영하는 사람들이다. 삶의 여로를 걷는 우리들은 이 다섯 등급의 여행자로 나뉜다. 최하급의 여행자는 수동적인 인간이며, 최상급의 여행자는 습득한 모든 지혜를 남김없이 활용하며 살아가는 능동적인 여행자이다.

그대들은
왜 이 작은 운명밖에
보지 못하는가

언젠가 숯이 다이아몬드에게 물었다.

"어떻게 그토록 단단할 수 있는가. 우리는 가까운 동족인데, 이렇게 다르다니."

다이아몬드는 숯에게 물었다.

"왜 그렇게 부드러운가. 오, 나의 형제들이여."

내가 그대들에게 묻고 싶은 바는 바로 이것이다. 너희들은 내 형제가 아닌가. 왜 그토록 나약한가. 대체 무엇 때문에 굴종하는가. 그대들 마음속에는 어째서 그리 많은 부정과 부인이 존재하는가. 그대들의 눈은 왜 이 작은 운명밖에 볼 수 없는 것인가. 그대들은 운명을 탐하지 않는다면서, '용서할 수 없는 자'가 되기를 바라지 않는다면서, 왜 나와 함께 승리하기를 거부하는가. 그대들의 강인함이 빛을 발하지 않는 한 우리는 미래에 결코 창조자가 될 수 없다. 오직 강인한 자만이 창조할 수 있다. 그대들은 창조의 증거를 마치 왁스칠한 마룻바닥에

새겨 넣는 것처럼 인류가 지나온 수천 년 위에 각인시킬
수 있다는 생각을 할 수 있는가. 수천 년간 이어져 온 위
기를 뇌에 문양을 새기듯 인생에 기록할 수 있다는 것
은 정녕 기쁨이 아닌가.

청춘의 자해는
다가올 미래에 대한
양심의 가책이다

청년은 항상 누군가를 숭배하거나, 누군가 때문에 분노한다. 그는 사물을 위조하고 그것에 자신의 격정을 남김없이 쏟아 버린다. 청춘이란, 정확히 말하자면 사기이며 허상이다. 그의 환멸은 세계가 아닌 자기 자신에 대한 폭력이며, 그의 자해는 다가올 미래에 대한 양심의 가책이다. 그는 자신이 이 비열한 세계의 일부였음에 분노하고, 그에 대한 반항으로 스스로를 갈기갈기 찢어 버릴 수밖에 없음에 실망한다. 그리고 10년이 지난 후에야 비로소 깨닫는다. 이것이 청춘이었음을.

인생은 내가 가장
사랑하는 것들을
빼앗아 갔다

차라투스
트라는
이렇게
말했다

인생은 나에게 살인보다 더 나쁜 짓을 저질렀다. 보상 받을 수 없는 것들을 내게서 빼앗아 갔다. 나는 이제 이렇게 말한다.

"나의 적이여! 그대는 나의 청춘과 환상과 내가 가장 사랑하는 사람들을 죽였다. 나의 소꿉친구, 행복한 정신을 그대는 빼앗아 버렸다."

강동호 하이브리드 사피엔스 2020 | 캔버스 위에 아크릴 | 65x53cm

그리고 니체

동정은 쾌락을 포함하고 소량이나마 우월을 맛보게 하는 감각으로서
자살의 해독제가 된다. 그것은 우리로부터 빠져나와 마음을 가득
채우고 공포와 무감각을 쫓아버리며 말, 탄식, 행위 등을 활기 있게 한다.

인간은
육신의 질병으로 인해
자유로워지는가?

병은 내게 생활을 파괴할 권리를 허락했다. 내게 망각을 허용했을 뿐 아니라 적극적으로 망각을 명령했다. 병은 잠자코 입을 다물라고 명령했으며, 조용히 누워 있으라고 명령했다. 그리고 때를 기다리며 참는 법을 가르쳐 주었다. 나는 눈의 질병 때문에 나를 괴롭히는 책들로부터 해방되었다. 그래서 몇 년 동안 한 권도 읽지 않았다. 읽을 수 없었기에 나는 쓰는 행위로 위안을 삼아야 했다. 이것은 병이 내게 베푼 최고의 은혜였다. 돌이켜 보면 병으로 괴로웠던 시절만큼 행복했던 적은 없다. 어떤 의미에서 병은 나를 회복시켰다. 나는 아직도 이 궁금증을 풀 수가 없다. 인간은 육신의 질병으로 인해 자유로워지는가 아니면 육신의 건강으로 인해 어리석어지는가.

사랑은 이별보다
변화를 더
두려워한다

사랑은 상대방을 죽임으로써 다가올 변심을 미리 막고 싶은 충동을 간신히 참아 낸다. 왜냐하면 사랑은 파멸보다 변화를 더 무서워하기 때문이다.

순간의 어리석음으로
새로운 어리석음이
탄생한다

차라투스
트라는
이렇게
말했다

어리석음이 그대들 세계에서는 연애라는 이름으로
불리고 있다. 그리고 그대들의 결혼은 순간의 어리석음
에 종지부를 찍음으로써 해결된다. 그 대신 장기간에 걸
친 새로운 어리석음이 탄생하는 것이다.

출렁이는 욕망 9

인간은 그의 신에게 가장 강한 본능,
즉 '자연'을 제물로 바쳤다.
금욕주의자들과 반자연주의자들은
이 의식을 모든 백성들에게 전파시켰다.
마침내 인간은 생명과 자연이 떨어지자
조화, 행복, 정의, 위안, 성스러운 것, 어리석음,
희망, 신앙을 바치기 시작했다.

육체와 영혼의
결합을 갈망하는
비굴함과 허영심

　　루터처럼 촌스럽고, 순진하고, 집요한 열정도 드물
다. 프로테스탄트에는 한마디로 섬세한 감동이 없다. 대
신 동양적인 무아無我는 조금 엿보인다. 마치 자격이 없
음에도 주인의 배려로 은총을 입은 노예처럼 비굴하다.
그 대표적인 예가 아우구스티누스일 것이다. 이 사람은
무례할 정도로 품위가 없고 거동이 천박했으나, 특유의
여성적인 순정과 음욕으로 마치 남녀의 합방처럼 육체
와 영혼의 합을 갈망했다. 이런 신비적 욕망은 사춘기를
겪고 있는 소녀의 착각과 비슷한 감정이라고 할 수 있는
데, 주로 노처녀의 히스테리나 수녀들의 허영심에서 자
주 발견하게 된다. 가톨릭은 주로 이런 여성들을 골라
성녀로 지목한다.

세 가지 착각에
천재들은
인생을 바쳤다

최근 수 세기 동안 인간은 학문에 열광했다. 그 첫 번째 이유로 사람들은 학문과 함께, 아니 학문에 의해 신의 지혜를 이해하게 될 것으로 기대했다. 이것은 위대한 영국인, 즉 뉴턴이 학문에 인생을 바친 주된 원인이었다. 두 번째 이유로 사람들은 학문이 인간의 인식을 절대적인 영역으로 끌어올려 주기를 고대했다. 도덕과 지식과 행복의 결합이 신의 삼위일체를 대신해 줄 것으로 기대했다. 이것은 위대한 프랑스인, 즉 볼테르가 학문에 인생을 바친 주된 원인이었다. 세 번째 이유로 사람들은 학문이 아무것도 원하지 않기를 요구했다. 다만 해롭지 않은 것, 공평한 것, 진실한 것, 인간과 전혀 상관없는 것에 집착하기를 바랐다. 이것은 인식자로서 자신이 바로 신이라고 착각한 스피노자가 학문에 인생을 바친 주된 원인이었다. 이 세 가지 착각에 의해 학문이 발달할 수 있었다.

강동호 하이브리드 사피엔스 2020 | 캔버스 위에 아크릴 | 60×72cm

그리고 이제

선과 악, 그리고 우와 열이라는 두 쌍의 대립되는 가치는
수천 년에 걸쳐 이 지상에서 오랫동안 싸움을 계속해 왔다.
선과 악이 이처럼 오랫동안 우리들을 지배했다 할지라도,
그 싸움이 승패를 결정짓지 못하고 있는 것은
우와 열이 아직도 대립하고 있기 때문이다.

신에게 바친 제물은
우매한 인간의
무력함이다

생명의 시대에 인간은 그의 신을 섬기고자 인간을 제물로 바쳤다. 그것도 가장 사랑하는 사람을 바쳤다. 그래서 원시시대의 모든 종교는 장자를 제물로 바쳤다. 다음 세대에 인간은 생명보다 도덕에 더 많은 가치를 부여했다. 그래서 인간은 그의 신에게 자신이 가지고 있는 것 중 가장 강한 본능, 즉 그의 '자연'을 제물로 바쳤다. 금욕주의자들과 반자연주의자들은 이 의식을 모든 백성들에게 전파시켰다. 마침내 인간은 생명과 자연이 떨어지자 조화, 행복, 정의, 위안, 성스러운 것, 어리석음, 희망, 신앙을 바치기 시작했다. 이것들도 떨어지자 그들은 신을 위해 신을 희생시키기로 마음먹었다. 날이 밝아 정신을 치렀을 때 제단 위에 쓰러진 신을 발견했다. 그들은 경악했으나 이미 제물을 바치는 습관이 모든 공포와 충격을 압도했다. 그들은 습관적으로 제물을 바치기 시작했다. 더 이상 신이 요구하지도 바라지도 않았지만,

아니 신 스스로가 자신의 제단 위에 쓰러졌지만, 그들은 본능적으로 제물을 바쳤다. 그들은 잔인한 마음과 우매 힘과 중압감과 운명과 허무를 제단에 바쳤다.

예술가의 충동은
삶을 괴롭히는
탐욕이다

인간의 눈은 탐욕이 필요할 때만 떠지는 도구로 전락했다. 인간은 문명을 발전시킨 야성적인 실험으로부터 목가적인 안락함으로 도피해 버렸다. 예술가의 끊임없는 충동은 이제 미덕이 아니라 삶을 괴롭히는 악덕이 되었다. 인류는 점점 더 소심해지고, 조용해지고, 어리석어진다. 그의 가느다란 손가락이 여전히 삶의 감춰진 구석들을 가리키고 있지만 인간은 더 이상 손가락이 가리키는 곳에 시선을 두지 않는다. 이 거대한 생존의 늪에서 얌전한 꽃으로 피어나기만을 고대하고 있다.

이상에만
매몰된 사람은
파멸할 수밖에 없다

이상을 좇는 인간은 구제할 방법이 없다. 그는 천국에서 추방당하면 지옥에서 새로운 이상을 찾아내는 인간이기 때문이다. 그에게 환멸을 안겨 주면, 방금 전까지 열렬한 헌신으로 품고 있던 희망을 내동댕이치고 곧바로 이 새로운 고통을 품에 안는다! 그의 이 같은 특징은 인간의 본성 중에서도 가장 난해한 성질이다. 이 난해한 성질 때문에 그는 늘 비극을 자초하고 나중에는 스스로 비극의 주인공이 되기도 한다.

현대인은
고민의 형식을 상실하고
품위를 잃었다

　　현대인들은 인간의 고민을 위선이라고 비난한다. 우리는 너무 빨리 결정하고 있다. 고민이나 사색은 그저 걸어가면서 해치우면 그만이라고 생각한다. 인간은 점차 품위를 상실하고 있다. 인간이 더 이상 생각할 수 없다면 우리는 단지 기계일 뿐이다. 어쩌면 우리 머릿속에 이미 기계가 자리 잡았는지도 모른다. 그 기계의 성능에 따라 우리의 생각과 품위가 결정되는지 모른다.

지나간 시간을 통해
자신의 불가침성을
확인한다

　사소한 것, 한정된 것, 진부한 것, 낡은 것을 모아 인간은 아늑한 보금자리를 마련한다. 이 지나간 시간들을 통해 인간은 자신의 품격과 불가침성을 확인하려는 것이다. 그가 사는 도시의 역사가 곧 그의 역사이며 성벽, 탑, 시청, 축제는 마치 소년 시절의 그림일기처럼 정겹기만 하다. 이런 것들로부터 인간은 자기 자신을, 힘을, 근면을, 즐거움을, 판단을, 어리석음과 실수를 발견하곤 만족해한다.

　"여기서 살았다. 지금 살고 있기 때문에 앞으로도 계속 살 것이다. 나는 강인하다. 이 거대한 도시의 일부이기 때문이다. 이 거대한 도시가 하루아침에 무너지지는 않을 테니까 나도 쉽게 사라지지는 않을 것이다"라고 그는 혼잣말처럼 중얼거린다.

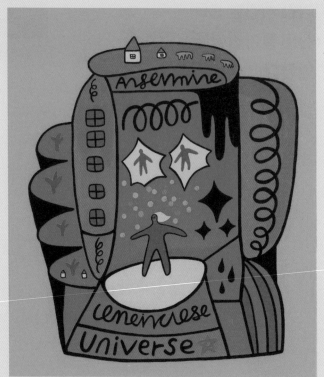

강동훈 **lump 10** 2022 | 캔버스 위에 아크릴 | 53x45cm

그리고 니체

괴테가 초안을 잡아 준 인간은 굳세고 교양이 높은,
모든 신체적인 사물에 능통하며 자기 자신을 제어할 수 있는,
자신에게 경외를 느끼는 인간이었다.
자연성의 모든 범위와 넉넉함을 스스로에게 베풀 수 있는 인간,
그와 같은 자유를 감히 누릴 만큼의 강인함을 가진 인간이었다.

인간은
교활한 정신을 갖고
세상을 지배했다

우리들은 모든 것을 다시 배워야 한다. 그리고 겸손해져야 한다. 우리는 더 이상 인간을 '정신'이나 '신성'에서 찾지 않는다. 우리는 인간을 동물로 되돌려 보내야한다. 인간이 동물을 지배할 수 있었던 까닭은, 그리고 부여되지 않은 신성을 갖춘 것처럼 위장할 수 있었던 까닭은 인간이 교활했기 때문이다. 그 교활함의 결과가 바로 우리의 정신이다.

불평등한 계급이 인간의 초월적 의미를 만들었다

인간을 향상시킨 것은 지금까지 귀족 사회의 몫이었다. 귀족들은 인간과 인간 사이에 결코 넘어서는 안 될 서열이 있음을 믿었고, 그 믿음의 결과가 노예제도였다. 오랜 역사를 통해 지속된 인간의 계급화가 마침내 혈액으로 침투되어 인간은 태어나면서부터 인성에 맞는 신분이 아닌 신분에 맞는 인성이 주어지게 되었다. 하지만 이 계급 덕분에 많은 인간들이 자신의 실체를 좀 더 확실하게 깨달을 수 있었다. 그들은 계급을 뛰어넘으려고 시도했고, 그 와중에 계급에 맞게 할당된 이 부조리한 인간성을 극복해야 할 필요성을 절감했다. 만약 인간이 계급화되지 않았더라면 인간의 역사는 무의미해졌을 확률이 높다. 평등은 인간을 나태하게 만들기 때문이다. 계급이라는 사회적 신분이 인간을 억압할수록 그들은 계급이 귀속할 수 없는 초월적인 의미들을 만들고자 노력했고, 그 결과 인간은 오늘날과 같이 향상된 존재가 될 수 있었다.

굶주림, 성욕,
허영심의 이용이
통치의 핵심이다

인간을 움직일 수 있는 유일한 원동력은 굶주림과 성욕과 허영이다. 만약 당신이 인식을 사랑한다면, 인간이 저능하다는 내 말에 동감한다면, 모든 문명의 끝이 항상 사악했다는 당신의 경험을 인정한다면 내 말에 귀를 기울여야 한다. 언젠가 인간은 굶주림과 성욕과 허영에 지쳐 자기 자신을 자신의 이빨로 물어뜯고, 삼키고, 애무하고, 내뱉어 버릴 것이다.

너무 많은
경험에 시달려
아무것도 할 수 없다

　　현대를 살아가는 인간은 너무 많은 경험에 시달리고, 너무 적은 일에 익숙해진다. 인간은 폭식과 기아를 동시에 겪고 있는 셈이다. 따라서 아무리 많이 먹어도 몸은 점점 여위어 간다. 그럴수록 더 많이 먹고 더 빨리 먹었다는 사실을 잊는다. 인간은 모든 것을 경험했지만, 아무것도 할 수 없는 것이다.

스스로를
교양인이라고
자처하는 사람들

오늘날 '교양'이라는 것은 자신이 입고 있는 옷과 자신이 직접 구입한 집에 어느 정도 만족하고 있는가, 혹은 시내를 활보할 때나 유행하는 미술관에 들렀을 때 어느 정도 사람들의 주목을 끌 수 있는가에 달려 있다. 오늘날 스스로를 교양인이라고 자각하는 인사들은 만찬에서 유행하는 예절을 뽐내고 미술관, 음악회, 극장 등을 순방하며 현대적인 예술을 유감없이 즐기다가 이 시대를 짓누르는 그로테스크한 퇴적물로 사라지게 될 것이다.

소유와 사랑

10

사람들은 사랑에 목을 맨다. 그러나
소유와 사랑! 이것은 엄연히 다른 관념이다.
하지만 둘은 동일한 충동에서 빚어진
이중적인 결과일지도 모른다.
이미 원하는 것을 소유한 자는
자신의 소유물에 대한 권리를 행사한다.

어느 한 시기까지는
인식에 이별을
고해야 한다

언제쯤 작별을 고해야 되는 것일까. 너는 이제 네가 인식하고 측정하려는 것에 이별을 고해야 한다. 적어도 어느 한 시기까지는 이별을 유지해야 한다. 네가 이 도시를 떠났을 때 비로소 도시의 탑들이 얼마나 높게 솟구쳐 있었던가를 알게 될 것이다.

방랑자여
그대는
누구인가?

"방랑자여 그대는 누구인가? 그대는 지금까지 무엇을 해 왔는가? 방랑자여 여기서 쉬거라. …… 그대는 무엇을 원하는가? 무엇이든 그대에게 주리라."

"…… 호기심 많은 분이시여 무슨 말씀을 하시는 거요! 주시려거든 부디…… 또 하나의 가면! 제2의 가면을 주시오."

나는 기쁜
소식을 전하는
복음의 사자가 되리라

'모든 가치의 전환.' 이것이 인류에 있어 최고의 자기 성찰에 따른 행동을 위한 정석이고, 이것이 나의 살이 되고 나의 천재성이 된다. …… 나는 전에 아무도 나만큼 거역하지 못하였을 정도로 거역했다. 그럼에도 나는 부정적 정신의 소유자와는 반대다. 나는 기쁜 소식을 전달해 주는 복음의 사자이다. …… 모든 것이 허위로 인하여 지상에는 미증유의 전쟁이 있게 된다. 나의 출현과 함께 세상은 위대한 정치를 펼치게 될 것이다.

강동훈 하이브리드 서피웬스-이브 2018 캔버스 위에 아크릴 140x130cm

그리고 이해

위대한 것은 위대한 인간을 위해, 심오한 것은 심오한 인간을 위해,
미묘하고 섬세한 것은 세련된 인간을 위해 존재한다.
다시 말해서 모든 귀한 것은 귀한 인간을 위해
존재하기 마련이라는 사실을 잊지 말아야 한다.

나는
나를 닮은
한 종족을 만든다

여기 앉아, 나는 인간을 만든다. 나의 형상을 빌려, 나를 닮은 한 종족을 만든다. 이들은 괴로워할 것이며, 눈물을 흘리며, 즐거워하고 기뻐할 것이다. 그리고 그대를 거들떠보지 않을 것이다. 내가 그랬듯이.

그대들은
자신을 초월하여
창조할 수 없다

　육체를 경멸하는 인간들에게 경멸은 존경에서 비롯된 것이다. 존경과 경멸, 가치와 의지를 창조한 자는 누구인가? 창조자는 자신을 위해 존경과 경멸을 창조했고, 쾌락과 고통을 창조했다. 육체는 자신의 의지를 붙들기 위해 정신을 창조했다. 육체를 경멸하는 자들이여! 그대들은 어리석은 경멸로써 자신에게 봉사하고 있다. 그대들은 죽음을 원하는 것이다. 그대들은 결코 자신을 초월하여 창조할 수 없다. 이것은 그대들의 가장 큰 소망이었다. 이것은 그대들이 갈망하던 전부였다. 그러나 이미 늦었다. 그대들이 자아는 몰락을 원한다. 육체를 경멸하는 자들이여! 그대들의 자아는 몰락을 원한다. 그리하여 그대들은 육제를 경멸하는 자가 된 것이다. 이미 그대들은 자신을 초월하여 창조할 수 없기 때문에 그대들의 자아는 차라리 몰락을 원하는 것이다. 아무것도 창조할 수 없음에 그대들은 대지와 인생에 분노를 느꼈다. 아직도 분노와 질투가 그대들의 눈가에 맺혀 있다. 다만 의식하지 못할 뿐이다. 나는 그대들을 밟지 않겠다. 육체를 경멸하는 자들이여! 그대들은 초인으로 향하는 다리가 아니다.

이 선한 의지만을
나의 증거로
삼을 것이다

　　비제의 음악과 이야기를 나누다 보면 나도 모르게 좀 더 나은 인간이 되는 것 같다. 뿐만 아니라 좀 더 훌륭한 음악가가 될 수 있을 것이다. 나는 그의 음악을 통해 진정한 '청중'의 자격을 갖춘 셈이다. 그의 도움으로 나는 음악의 근원을 확인했다. 마치 내가 그 음악의 발생 과정을 체험한 것 같은 기분이 든다. 이럴 때마다 모험에 나서기 직전 우리의 발길을 붙드는 공포를 체감한다. 그리고 이 우연한 행운에 기뻐할 것이다.

　　물론 이것은 비제가 의도한 음악적 목표가 아니다. 나 역시 이런 감정들에 그다지 깊은 의미를 부여하지 않는다. 어쩌면 내가 이런 감정에 얼마나 매혹되었는지 잘 모르는 것일 수도 있다. 왜냐하면 음악을 듣는 동안 나는 음악과 상관없는 전혀 다른 생각에 빠져들기 때문이다. 사람들은 알고 있을까? 음악이 정신을 '자유롭게 만드는' 생각에 날개를 달아 준다는 사실을. 진정한 음악가일수록 그들은 철학자의 눈빛을 소유하고 있다. 이 추상적인 잿빛 하늘은 그들이 들려주는 음악의 선율로 더욱 명료해진다. 그들의 음악으로 맑게 갠 하늘은 모든 사물을 손에 잡힐 듯 보여 준다.

나는 지금까지 철학적 정서에 대해 이야기한 것이다. 그리고 이런 정서에는 내가 모르던 '해답'이 숨겨져 있다. '내가 지금 어디 있는 것일까' 하는 의문에 대한 해답 말이다. 비제는 나를 보람된 인간으로 만들어 주었다. 모든 선한 것이 나를 보람되게 만든다. 나는 오직 이 선한 것들에게 감사를 느끼며 또 이 선한 의지만을 나의 증거로 삼을 작정이다.

소유와 사랑,
이것은 엄연히
다른 관념이다

사람들은 사랑에 목을 맨다. 그러나 소유와 사랑! 이 것은 엄연히 다른 관념이다. 하지만 둘은 동일한 충동에서 빚어진 이중적인 결과일지도 모른다. 이미 원하는 것을 소유한 자는 자신의 소유물에 대한 권리를 행사한다. 그 때문에 그는 타인들로부터 '강자' 또는 '억압자'로 불린다. 그래서 소유욕은 늘 부정적인 취급을 받는다. 반대로 원하는 것을 아직 얻지 못한 자는 상대적으로 '약자'이며 '소외된 자'로 인식된다. 그래서 사랑은 늘 긍정적인 취급을 받는다. 얻지 못했을 때 그것은 사랑이 되고, 얻었을 때 그것은 소유가 된다.

최선의 행동은
늘 과잉된 사랑 속에서
빚어진다

행동하는 자는 항상 양심이 없다고 괴테는 한탄했지만, 행동하는 인간은 또한 지식이 없을 때가 많다. 그는 한 가지 일에 너무 열중한 나머지 중요한 진실을 잃어버린다. 모든 행동하는 자는 그의 행동이 실제로 사랑받는 것 이상으로 자신의 행동을 사랑한다. 그리고 최선의 행동은 늘 이 같은 과잉된 사랑 속에서 빚어진다.

강동호 new soul 1 2022 | 캔버스 위에 아크릴 | 53x45.5cm

그리고 니체

심리학적 입장에서 보면 죄란 사제들로 조직된 사회에서는 어디서든
필수불가결한 것이다. 그리하여 죄는 권력의 실질적인 지렛대이며,
사제는 죄를 의지해 살고 죄를 범하는 일을 필요로 한다.
하나님은 회개하는 자를 용서한다.
그것은 사제에게 복종하는 자를 용서하는 것이다.

살아남은 자들은
고통을 아픔이라
부르지 않는다

　가장 생산적인 사람들의 생애에 대해, 또 민중의 삶을 살펴본 다음 스스로에게 한번 물어보도록 하자. 앞으로 엄청나게 성장할 저 수목들은 과연 다가올 폭풍우를 피해야만 하는 것일까. 외부로부터의 분리와 반대, 어떤 종류의 증오와 질투, 불신, 탐욕, 난폭과 같은 개념이 없었다면 인류는 도덕을 깨닫지 못했을 것이다. 마찬가지로 저 거대한 어린 새싹은 퍼붓는 빗속에서 더욱 강인하게 자랄 수 있지 않을까. 연약한 인간을 말살해 버리는 외부의 고통도 결국 살아남게 될 인간에겐 영양제에 불과하다. 살아남은 자들은 결코 고통을 아픔이라 부르지 않는다.

황혼은 오늘밤도
폭풍과 함께
출렁거린다

인간적인
너무나
인간적인

  간밤의 폭풍을 뚫고 살아남은 영혼은 밝게 갠 아침 햇살에 자신을 옥죄던 긴장을 푼다. 그리고 몇 달 혹은 몇 년씩 이 노곤하게 긴장이 풀어진 정오를 요구한다. 시끄러운 세상의 소리가 점차 그의 귓전에서 멀어지고 따스한 태양만이 머리카락을 어루만진다. 사람들의 눈이 닿지 않는 숲 속에는 목신牧神이 잠들어 있다. 자연은 목신과 함께 잠에 취해 그의 물음에 아무런 대답도 하지 않는다.

  그는 이제 아무런 희망도 없고 아무런 생각도 없다. 심장은 어느새 멈춰 버렸고, 오직 그의 눈만이 살아 있다. 눈동자만이 사물을 분별하는 일종의 죽음과 같은 상태다. 그때 인간은 일찍이 경험한 적이 없는 수많은 현상들과 직면하게 된다. 그의 동공은 빛으로 짠 그물에 가로막히고, 엄청나게 밀려오는 빛에 매장되어 버린다. 그때서야 비로소 인간은 행복에 도취된다. 하지만 그 행복은 너무나 가혹한 행복이다.

　잠시 후 나무들 사이에서 바람이 불어온다. 한낮은 이미 지나간 지 오래다. 생활이 다시 그를 삶의 터전으로 던져 버린다. 맹목의 눈을 가진 생활이 어젯밤처럼 그의 동반자가 되어 그를 기만한다. 그의 뒤에는 소망, 망각, 향락, 부정, 무상이라는 그림자가 펼쳐진다. 그리고 또다시 황혼이 찾아온다. 황혼은 오늘밤도 폭풍과 함께 일렁인다. 인간은 삶이라는 물질의 활동을 이런 식으로 해석하고 싶어 한다. 그들 대부분은 인생을 병적인 것에 가까운 증상으로 오해한다. 그것이 꼭 잘못된 관념만은 아니다.

뿌리에
물을 주는 것이
교육이다

교육은 우리를 변화시킨다. 영양물은 단지 우리를 보존할 뿐이다. 우리의 정신에는 결코 가르칠 수 없는 숙명의 화강암이 있고, 예정된 질문에 대한 준비된 대답이 있다. 이 정신적 구조가 바로 '나는 누구이다'와 같은 뿌리인 셈이다. 이 뿌리에 물을 주는 것이 바로 교육이다.

결혼은
하나가 되기 위한
두 사람의 의지다

결혼은 하나의 것을 창조하고 싶은 두 사람의 의지이다. 그러나 결혼이 만들어 내는 한 가지는 그것을 만드는 데 필요한 두 개 이상의 의지를 필요로 한다. 의지를 함께 공유하는 자로서 상호 간에 경의를 표하는 것, 나는 이것이 결혼이라고 생각한다.

파도를 거스를 때
비로소 풍요로운
자신을 느낀다

먼 미래의 눈으로 오늘의 시대를 바라볼 때 내가 현대의 인간으로부터 발견하는 가장 색다른 사상은 '역사적인 감각'으로 불리는 현대인 특유의 미덕, 즉 현대인 특유의 질병이다. 이는 역사상 단 한 번도 드러나지 않은 미지의 개념인데, 아직 많은 사람들이 이 같은 개념을 떠올릴 때마다 오한이라도 느끼듯이 자신을 비참하게 생각하고 있다. 또 다른 사람들은 이 역사적인 감각을 살며시 다가오는 노년의 징후쯤으로 생각한다. 그리고 우리의 행성은 이런 사람들을 현재를 잊기 위해 자신의 젊은 날에 집착하는 우울한 병자들로 만들어 버렸다. 어쩌면 이런 것들은 이 새로운 감정이 갖고 있는 하나의 색조일지도 모른다.

인류의 역사를 자신의 역사로 느낄 수 없는 인간은 병자의 슬픔과 청춘의 꿈을 그리워하는 노인의 슬픔, 연인을 빼앗긴 슬픔, 이상이 땅에 떨어진 순교자의 슬픔, 승

패의 결말을 알 수 없음에도 스스로에게 상처를 입히고 친구마저 떠나보낸 영웅의 슬픔만을 간직하게 된다.

그러나 이처럼 다양한 슬픔을 견딜 수만 있다면 전쟁터에 두 번째 태양이 밝아 올 때 햇살에 인사를 건네고, 자신의 운명에 인사를 보낼 용기를 얻게 될 것이다. 인류의 가장 오래된 역사 또는 가장 새로운 역사, 그리고 인류의 모든 손실과 희망, 정복과 승리를 마음속에 거둬들인 후 하나의 감정으로 압축시킬 것, 이는 분명 지금까지 인간이 알지 못했던 행복을 낳는 첫걸음으로 작용하게 될 것이다. 힘과 사랑으로 충만한 눈물과 미소 짓는 신의 행복, 그것은 황혼을 불사르는 노을처럼 항상 인류에게 선물을 베풀고, 모든 근심과 헛된 망상을 바다에 부어 버리는 기쁨이다. 태양과 마찬가지로 가난한 어부는 황금의 노를 저어가며 파도를 거스를 때 비로소 풍요로운 자신을 느끼며 행복에 도취되는 것이다. 이 거룩한 완성을 우리는 인간성이라고 부른다.

강동호 하이브리드 사피엔스-이념 2018 | 캔버스 위에 아크릴 | 60x60cm

그리고 니체

범죄자라는 사실이 발각되었을 때, 그가 괴로워하는 것은
범죄 그 자체가 아니라 치욕적이고 바보 같은 짓을 한 것에 대한 혐오다.
형무소나 강제 노동에 자주 드나드는 사람이면 누구나 거기에서
명확한 양심의 가책과 마주치는 일이 얼마나 드문가에 놀란다.

거만한 기쁨보다
작은 행복이
소중하다

반시대적
고찰

비록 아주 조그마한 행복일지라도 날마다 찾아와서 우리를 기쁘게 해 줄 수 있다면, 불쾌와 갈망과 궁핍의 시기에 찾아오는 저 거만한 기쁨보다 훨씬 소중하다.

삶이란
긴 죽음에
불과했다

사람들은 기억하고 있을 것이다. 아우구스투스 황제, 저 가공할 인간, 소크라테스처럼 자신을 극복하고 침묵할 수 있었던 인간이 죽음의 순간에 자신에게 얼마나 경솔했었는지를. 그는 죽음 앞에서 자신의 삶이 가면을 쓴 희극에 지나지 않았다고 고백했다. 그는 국가의 아버지로서, 옥좌의 지혜로서 평생을 살았지만 실은 모든 것이 거짓이었던 것이다. 그는 죽기 직전 친구의 손을 붙잡고 이렇게 말했다. "친구여, 나를 축복해다오. 연극은 끝났다!" 아우구스투스 황제를 흉내 낸 네로는 이렇게 말했다. "나는 배우로서 죽는다!" 그들의 죽음은 배우저인 허영이었다. 그들의 유언은 싸구려 대사였다. 그들의 죽음은 소크라테스의 죽음을 비웃었다.

오직 티베리우스 황제만이 침묵으로써 죽음을 맞았다. 그는 죽음 앞에서도 자신을 학대했다. 그는 아무 말도 하지 않은 것이다. 그는 배우가 아니었다. 그는 황제의 가면을 쓰고 연기하지 않았다. 한 사람의 인간으로서 당당하게 고뇌했을 뿐이다. 대체 그는 무엇을 생각했던 것일까, 티베리우스 황제는 어째서 죽음에게 마지막 대사를 들려주지 않았을까. 그는 아마도 이렇게 생각했을 것이다. '삶이란 긴 죽음에 불과하다. 나는 수많은 인간의 목숨을 단축시켰다. 나의 연극은 단 한 번도 그들의 박수를 받지 못했다. 나는 그들에게 영원한 생명을 허락했어야 했다. 그들의 영원한 죽음을 곁에서 지켜봤어야 했다. 나는 다만 관찰자로서의 삶을, 관찰자로서의 죽음을 맞이할 뿐이다.' 티베리우스 황제가 죽음에게 이 마지막 대사를 들려주려고 했을 때 그의 신하들은 베개로 황제의 얼굴을 덮어 버렸다.

고통 속의 환희

11

불안한 영혼은 이 지루한 뱃놀이를 견디면서
흐느적거리는 바람이 자신의 불안을
송두리째 뒤흔들 시간만 기다린다.
이것은 평범한 사람들이
감히 상상할 수 없는 고통이다.
어떻게 해서든 이 무료한 세월에서 벗어나고자
애쓰는 것은 저속한 짓이다.

비범한 사람들은 더 많은 노력을 기울여야 한다

비범한 인간이 통속적인 사회에서 살아가는 경우, 어느 근대 영국인은 그 위험성에 대해 이렇게 말하고 있다.

"이런 특이한 인물들은 처음에는 고개를 숙이고, 나중에는 우울해지며, 결국 병에 걸려 죽고 만다. 셸리는 도저히 영국에서 살아남을 자신이 없었을 것이다. 마찬가지로 셸리와 같은 인종은 오늘날에도 영국에서 살아남는 것이 불가능하다."

횔덜린이나 클라이스트, 그리고 그 밖의 몇몇 인물들은 타고난 비범함 때문에 파멸했다. 다만 베토벤, 괴테, 쇼펜하우어, 바그너처럼 확고한 신념을 갖고 있는 사람들은 다행히 견뎌 낼 수 있었다. 그러나 그들은 생존하는 데 일반인보다 몇 배의 노력을 기울여야만 했다. 이 고통스런 싸움의 흔적은 그들의 표정과 주름에 자세히 새겨져 있다.

받아들여야 할
문제들은
받아들여야 한다

아무리 큰 대학人聖일지라도 그 자체만으로 풍성할 수는 없다. 많은 개천들을 받아들이고 함께 바다로 나아가는 것이 이 강을 보존하는 방법이다. 정신의 위대함도 이와 같다. 당연히 받아들여야 할 문제들에 이끌리는 것이 중요할 뿐, 재능이 빈약하다든지 정신이 부족하다는 변명은 아무런 문제도 될 수 없다.

강홍훈 이름과 이쁘의 정원 2 2018 | 캔버스 위에 아크릴 | 140x130cm

그리고 이제

그녀가 처음으로 내게 자기 옷을 벗기게 하고는 램프의 불을 껐을 때
나는 강철 같은 손아귀가 내 생명을 움켜쥐는 걸 느꼈다.
그녀의 코트가 그녀의 몸에서 벗겨져 홀연 암흑 속으로 잠겨버리는
거대한 해바라기처럼 하나씩 하나씩 떨어져 내렸을 때
백작부인은 흐릿한 광채 속에서 죽음을 암시하는 황색으로 둘러싸인
밤 올빼미 같이 벌거벗은 채 내 팔에 안겨있었다.

민주주의는
전제적 지배자에게
면죄부가 될 뿐이다

선악의
저편

민주주의는 인간을 이 새로운 제도에 알맞게 사육할 것이다. 그리고 이 제도를 지배하는 몇몇 인간들은 지금까지 유례를 찾아볼 수 없는 명예와 부를 누리게 될 것이다. 이들의 교양이 보편화되어 그들의 욕구에 맞게 우리는 교육받고, 기능하고, 복종하는 날이 도래할 것이다. 나는 반드시 말해야겠다! 민주주의는 전제적 지배자에게 면죄부가 될 뿐이다! 그들은 민주주의 덕분에 더 이상 죄의식을 느끼지 않고 수탈을 감행할 것이다.

정당이 내세운
가치를 공격하면
축출해 버린다

어떤 당원이 당에 대한 절대적 복종을 포기한 조건부 복종자로 변질되었을 때 당은 여러 가지 도발과 모욕으로 그 당원을 결국 축출해 버린다. 당은 당이 내세운 신조와 가치를 상대적으로 평가하는 당원들의 의도가 정적들의 공격보다 훨씬 위험하다는 사실을 잘 알기 때문이다.

불안한 영혼은
불안을 뒤흔들
시간을 기다린다

창조적인 정신을 괴롭히는 무료함이란 한가로운 뱃놀이를 장식하는 상쾌한 바람에 쓸데없이 심술을 부리려는 영혼의 불안과 비슷하다. 불안한 영혼은 이 지루한 뱃놀이를 견디면서 흐느적거리는 바람이 자신의 불안을 송두리째 뒤흔들 시간만 기다린다. 이것은 평범한 사람들이 감히 상상할 수 없는 고통이다. 어떻게 해서든 이 무료한 세월에서 벗어나고자 애쓰는 것은 저속한 짓이다. 아시아인이 유럽인보다 훌륭한 점은 그들이 유럽인보다 좀 더 길고 좀 더 깊은 휴식을 취할 줄 안다는 데 있다. 아시아인의 마취제는 유럽인이 즐겨 복용하는 독한 알코올의 급격성과 달리 인내를 시험하며 서서히 약효가 돈다.

230

인간은
공포를 길들여
지식을 탄생시켰다

차라투스
트라는
이렇게
말했다

공포는 인간의 본성에 새겨진 근본적인 감정이다. 원죄와 도덕도 오직 공포를 통해서만이 설명될 수 있다. 즉 공포에서 지식이 태어난 것이다. 맹수에 대한 공포가 오랜 세월에 걸쳐 인간들을 육성시켰다. 인간은 맹수로부터 살아남는 방법을 연구했고, 가장 확실한 방법으로 길들이면 된다는 것을 알아냈다. 이처럼 공포는 우리의 생활을 끊임없이 지배했고, 마침내 정신적으로 그리고 지적으로 미화되기 시작했다. 인간이 공포의 감정마저 길들여 버린 것이다. 오늘날 사람들은 이 길들인 공포를 과학이라고 불렀다.

강홍훈 angel mine 51 2022 | 캔버스 위에 아크릴 | 72.7x60.6cm

그리고 니체

행복의 최초의 효과는 힘의 감정이다. 이 힘은 우리 자신에 대해서나
다른 인간에 대해서, 또는 표상이나 상상한 것에 대해서
똑같이 자기를 나타내려고 한다. 자기를 나타내는 가장 흔한 방식은
선물하고 조롱하고 파괴하는 것으로, 이들 모두는 하나의 근본적인
충동에 바탕을 두고 있다.

그대의 눈동자는
짐승의 행복을
부러워하고 있다

그대 옆에서 풀을 뜯어먹으며 지나가는 저 가축의 무리를 보라. 그들은 어제가 무엇이고 오늘이 무엇인지 상관하지 않는다. 그저 이리저리 뛰어다니고, 하루 종일 먹어 대고, 한가롭게 누워 소화가 되기만을 기다린다. 그리고 배가 고파질 때까지 다시 뛴다. 그들은 아침부터 저녁까지 순간이라는 말뚝에 묶여 산다. 그래서 그들은 우울도 권태도 느낄 수 없는 것이다. 그대는 이런 짐승 앞에서 그대가 인간임을 자랑한다. 하지만 그대의 눈동자는 짐승의 행복을 부러워하고 있다. 어쩌면 그대는 권태도 없고 고통도 없는 저 말뚝의 삶이 부러운 것인지도 모른다. 그대는 짐승들에게 묻는다. "왜 자네들의 행복에 대해 말해 주지 않는 것인가? 왜 내 얼굴만 바라보고 있는가?" 짐승들은 그대에게 대답한다. "말하고 싶은 것을 항상 잊어버리기 때문이다." 짐승들은 해야 할 말을 잊고 사는 것이다.

어떤 사람들은
고통에서 환희를
맛보기도 한다

인간에게 있어서 고통은 쾌락과 마찬가지로 종족 유
지에 필요한 가장 큰 원동력이다. 만일 고통에 이런 성
질이 없었다면 예전에 그 모습을 감춰 버렸을 것이다.
고통이 고통을 준다는 것은 고통을 반론하는 증거가 될
수 없다. 그것은 다만 고통의 본질일 뿐이다. 나는 고통
에서 벗어나기 위해 "돛을 감아라!" 하고 부르짖는 선
장의 명령에 당혹함을 느낀다. 고통과 마주선 '인간'은
오히려 선장의 명령을 어기고 돛을 활짝 펴는 연습을 꾸
준히 반복해야 한다. 그렇지 않으면 곧바로 저 거대한
파도가 그들을 삼켜 버리게 될 것이다.

우리는 최소한의 에너지로 생활을 유지하는 방법도
배워야 한다. 어디선가 고통이 다가오는 것이 느껴지면
그때부터 자신의 에너지를 조금씩 감소시켜야 한다. 삶
의 폭풍이 그대를 향해 다가오고 있다. 우리는 이 폭풍
을 헤쳐 나가기 위해 짐을 줄여야만 한다. 어떤 사람들

은 고통에서 환희를 맛보기도 한다. 그들은 폭풍이 밀려오는 구름 너머를 사랑하는 자들이다. 배가 뒤흔들릴 때마다 행복한 표정을 짓는다. 그렇다! 그들은 고통 속에서 행복을 찾아낸 것이다.

고귀한 본능

12

만일 내가 신들이 묻힌 곳에 앉아 있었더라면,
허물어진 염세주의자의 기념비 옆에서 세계를
축복하고 사랑할 수 있었더라면.
만일 하늘의 다정한 눈빛으로
그들의 지붕을 통해 나를 바라봤더라면,
나는 교회와 신들의 무덤까지도 사랑했을 것이다

본능과 이성은
선에 의해
신에게 이를 수 있다

본능과 이성은 선에 의해 신에게 이를 수 있다고 말한다. 플라톤 이후 모든 신학자와 철학자는 이 낡은 길에서 여전히 방황하고 있다. 그런데 신이 아닌 도덕의 분야에서는 항상 본능이 한발 더 앞서 나가고 있다. 기독교도들은 이 본능을 '신앙'이라고 불렀고, 나는 '짐승'이라고 불렀다. 단, 데카르트만은 예외이다. 합리주의의 아버지인 데카르트는 오직 이성의 권위만을 인정했다. 하지만 오늘날 이성은 그저 단순한 도구에 지나지 않는다. 따라서 데카르트는 천박했다고 볼 수 있다.

낙원은
도처에 있고
또 아무 데도 없다

반그리
스도

    낙원은 우리의 죽음을 기다리는 그 무엇이 아니다. 죽음은 저승으로 가는 다리도 아니며 초월도 아니다. 죽음은 단순한 껍질이며 기호이다. 죽음은 결코 종교적인 문제가 아니다. 따라서 신의 나라는 사람들이 기대하는 것과 다르다. 그곳에는 어제도 없고 내일도 없다. 천년이 지나도 그곳은 돌아오지 않는다. 신의 나라는 내면적 경험이다. 지상에서의 고통을 잊게 하는 순간적인 뉘우침이다. 그곳은 도처에 널려 있다. 그리고 아무 데도 없다.

영혼이
영원하다는 신앙에
결정타를 먹여라

우리는 무엇보다도 먼저 기독교가 가장 교묘한 방법으로 오랫동안 가르쳐 온 보다 해로운 원자론, 즉 영혼 원자설에 결정타를 먹여야 한다. 이것은 영혼이 불멸하고 영원하다는 신앙을 가져왔다. '사멸하는 영혼' '공동 주체성으로서의 영혼' '충동과 정동' 등의 개념이 시민권을 얻을 필요가 있다.

강동호 **조우** 2019 | 캔버스 위에 아크릴 | 60x72cm

그리고 니체

꿈과 도취의 두 생리학적 현상들 사이에는 아폴로적인 것과
디오니소스적인 것 사이에서와 같은 대립이 존재한다.
루크레티우스에 의하면 인간의 영혼 앞에 웅장하면서도
화려한 신들의 모습이 처음으로 나타났던 것은 꿈속에서였으며 이
위대한 조각가는 꿈속에서 초인적 존재의 매혹적인 신체 구조를 보았다.

식이요법이란
고독, 단식,
성의 금기다

　　지상에 종교적인 신경 발작이 출현할 때마다 반드시 세 가지 식이요법이 뒤따라왔다. 여기서 식이요법이란 고독, 단식, 성적 금기이다. 무엇이 이 신경 발작의 원인인지, 그 결과가 무엇인지, 대체 식이요법과는 어떤 인과관계가 숨겨져 있다는 것인지 우리로서는 아직 제대로 파악할 수 없다. 다만 확실한 증상은 어떤 국민이 갑자기 무질서한 음란에 사로잡히는 시기가 오는데, 그 직후 신경 발작 증세가 엿보이고 잠시 뒤 바닥에 쓰러져 참회의 경련과 속세의 부정으로 이어진다는 점이다. 이 같은 과정이 규칙적으로 되풀이되면 사람들은 그제야 이 세 가지 식이요법을 찾게 되는데, 아마도 이 질병은 간질병의 일종인 듯하다.

그대는 몇 해 전에 이 길을 지나간 적이 있다

성자는 차라투스트라에게 이렇게 말했다.

"그대를 어디선가 본 것 같은데…… 그대는 몇 해 전에 이 길을 지나간 적이 있다. 이제 생각나는군! 그대의 이름은 차라투스트라가 아닌가. 그동안 몹시 변했군! 그땐 그대의 잿더미를 이고 산을 오르고 있었지. 그런데 지금은 불덩이를 메고 산기슭을 거닐고 있군! 그대는 방화의 형벌을 두려워하지 않는단 말인가. 나는 차라투스트라를 잘 알고 있어. 그대의 눈은 더할 수 없이 맑고 그대의 입가에는 털끝만 한 혐오도 없네. 그대는 마치 춤을 추듯 걷는구먼. 차라투스트라는 확실히 변했다. 차라투스트라는 이제 어린아이가 되었다. 차라투스트라는 이제 선지자냐. 그런데 눈뜬 소경들을 찾아 어디로 가려는 것인가. 바다 한복판에 떠 있는 무인도처럼 그대는 고독을 벗 삼아 지냈네. 그동안 바다는 자네를 증오했다네. 그런데 이제 와서 다시 육지를 찾겠다는 건가.

그대의 육신을 다시 짊어지겠다는 건가.”

차라투스트라는 대답했다.

“나는 인간을 사랑합니다.”

인간은 불을 다스리며 철학적 문제의식을 경험했다

원시인류는 문화의 진정한 수호신으로서 '불'이라는 가치를 발견했다. 하지만 인간이 자유자재로 불을 다스린다는 것, 번개나 태양이 아닌 인간의 수고로 불을 얻을 수 있다는 것은 저 명상적 원시인들에겐 신에 대한 모독으로 여겨졌다. 이것이 인류가 최초로 경험한 철학적 문제의식이었다. 이 최초의 철학적 문제의식은 인간과 신 사이에 귀찮은 모순을 설정했고, 인류가 찾게 될 모든 문화에 거대한 바윗돌을 얹어 놓았다. 결국 인간은 신에 대한 모독으로 최선의 것을 찾아냈고, 그 대신 홍수와 같은 비애를 책임져야만 했다.

순결의 본능은
불필요한 신성에
집착한다

　　두 사람의 관계를 가로막는 것은 정신의 순결이 아니다. 상대방의 냄새가 역겹다는 것뿐이다. 순결의 본능은 자신에게 사로잡힌 자를 성자로 대우하면서 매우 위험한 고립 속으로 빠뜨린다는 데 있다. 왜냐하면 그 본능은 불필요한 신성에 집착하기 때문이다.

하늘이
다정한 눈빛으로
바라만 보았더라면

만일 내 분노가 무덤을 파헤치고, 비석을 옮기고, 이제는 낡아 빠져 너덜너덜해진 목록을 절벽의 심연으로 굴린 적이 있었다면. 만일 나의 멸시가 저주의 언어를 바람에 흩날렸더라면. 만일 내가 십자가에 잔뜩 낀 거미를 쓸어버리는 빗자루처럼, 또는 늙은 납골당을 휘도는 바람처럼 찾아왔더라면. 만일 내가 신들이 묻힌 곳에 앉아 있었더라면, 허물어진 염세주의자의 기념비 옆에서 세계를 축복하고 사랑할 수 있었더라면. 만일 하늘이 다정한 눈빛으로 그들의 지붕을 통해 나를 바라봤더라면, 나는 교회와 신들의 무덤까지도 사랑했을 것이다. 나는 잡초와 붉은 양귀비꽃처럼 기꺼이 낡아 빠진 교회당에 쭈그리고 앉아 있었을 것이다.

강동호 헤이브리드 스페이스-이탈 2018 | 캔버스 위에 아크릴 | 140x130cm

그리고 니체

논리적인 가치판단은 우리의 용감한 의심이 내려갈 수 있는
가장 밑바닥이자 가장 근본적인 것은 아니다. 이 판단의 타당성이
그것에 따라 증감하는 이성에의 신뢰는 다만 도덕적인 현상에
불과하다. 그 이유는 다름 아닌 바로 도덕 때문이다.

고귀한 영혼은
자신을
경외한다

선악의
저편

　'고귀함'이란 무엇인가. '고귀하다'는 말은 오늘날 우리에게 무엇을 뜻하는가. 천민 지배의 이 무겁게 늘어진 하늘 아래 모든 것이 불투명해지고 푸른색으로 변해가고 있다. 고귀한 인간은 무엇에 의해 나타나고 무엇에 의해 알려지는가. 그를 증명하는 것은 행위가 아니다. 행위는 언제나 모순에 싸여 있고, 여러 가지 뜻이 있으며, 항상 헤아릴 수 없는 것들만 움켜쥐고 있다. 오랜 종교적 방식을 새로운 의미로, 보다 깊은 의미로 재생산하는 것이 '신앙'이다. 고귀한 영혼이 자신에 대해 품고 있는 근본적인 확신. 찾으려 하지도 않고 발견되지도 않고, 어쩌면 잃어버리지 않은 것인지도 모르는 어떤 것이다.

나의 이상에는
영혼의 개조 따윈
없다

나는 내 운명을 알고 있다. 언젠가 나의 이름 앞에 어떤 위험한 추억이 새겨지는 날이 도래할 것이다. 일찍이 지상에 존재하지 않았던 위기, 신념을 위한 싸움과 추억.

나는 인간이 아니다. 다이너마이트다. 그러나 나의 이상에는 종교가 추구하는 영혼의 개조 따윈 없다. 모든 종교는 노예의 사상이다. 종교적인 인간과 접촉할 수밖에 없다면, 나는 반드시 그와 헤어진 후 손을 씻겠다. 나는 '신자'가 될 생각은 없다. 때론 나 자신을 믿어야 한다는 사실에 거부감마저 느낀다. 나는 더 이상 대중에게 이야기하고 싶지 않다.

선교는
비기독교적 정신을
바탕으로 행해졌다

만약 성서에 기록된 복음의 기쁨이 그대들의 얼굴에
도 새겨질 수 있었다면, 아마 그대들은 성서의 권위와
신앙을 그토록 집요하게 요구하지는 않았으리라. 그대
들의 말과 행동을 우리는 성서로 받아들였을 것이며, 굳
이 폭력적인 선교도 필요하지 않았으리라. 따라서 그대
들이 지금껏 기독교를 위해 베풀어 온 모든 변명은 사실
상 그대들의 비기독교적 정신을 바탕으로 행해진 죄악
이었다. 그대들은 천국에서 받을 면류관이 아니라 지옥
에서 접수할 고발장을 쓰고 있었던 셈이다.

신이 어디로 갔냐고?
우리가 신을
죽인 것이다

　그대들은 저 미치광이에 관한 이야기를 듣지 못했는 가. 그는 대낮에 등불을 들고 거리를 헤매며 끊임없이 외쳤다. "나는 신을 찾노라! 나는 신을 찾노라!" 마침 그날따라 시장에는 무신론자들이 많았다. 그들은 이 미치광이를 재미있는 노리개쯤으로 여기며 그를 조롱했다. "신이 집을 나갔나?" 어떤 장사꾼이 농담 삼아 떠들었다. 그러자 누군가 "신이 우리 집 막내 놈처럼 길을 잃어버렸다는 건가?"라고 소리쳤다. 또 다른 누군가는 "아직도 숨바꼭질을 좋아하나 보지? 어쩌면 우리가 무서웠는지도 몰라! 신은 배를 타고 떠났는가 아니면 그냥 걸어갔는가?"라고 외치며 미치광이를 둘러쌌다. 미치광이는 조용히 그들을 바라보다 큰소리로 외쳤다.

　"신이 어디로 갔냐고? 내가 알려 주지! 우리가 신을 죽인 것이다!"

지상은
정치의 횡포를
경험하게 될 것이다

나는 사람들로부터 '성자'라고 불리는 것에 약간의
두려움과 의구심을 품고 있다. 나는 성자가 되는 것을
원치 않는다. 차라리 어릿광대로 남는 편이 행복하다.
내 운명은 그저 어릿광대일 뿐이다.

나는 지금까지 성자들만큼은 거짓말을 하지 않았다.
따라서 나의 이 말은 진리이다. 하지만 '두렵다'는 나의
감정은 지금까지 '거짓'을 진리로 착각해 왔다. 모든 가
치의 전환, 이것이 내 안에서 혈육이 되고, 천부적인 능
력이 된다. 인류의 자각은 하나의 행위를 설명하는 나의
방식이다. 내 안의 거짓을 냄새 맡고 깨달음으로써 마침
내 진리를 발견했다. 나의 재능은 아마도 콧잔등에 어려
있을 것이다.

나는 스스로에 대한 반박으로 그들의 정신을 반박한
다. 그렇지만 나는 부정적 정신의 반대 방향에 서 있다.
나는 새로운 세상을 전파할 '복음의 사자'이기 때문이

다. 나는 숙명을 짊어지고 태어난 인간이다. 왜냐하면 진리가 수천 년간 허위와 증오에 시달리고 있을 때 나의 종족들은 단 한 번의 몽상으로 신과 골짜기를 뒤흔드는 지진을 경험했기 때문이다.

숙명처럼 우리의 뒤를 쫓는 몽상이 사라지자 정치라는 개념이 탄생했다. 이 정신적인 투쟁은 곧바로 우리들 체내에 녹아들어 오래된 사회의 모든 권력 조직을 한순간에 공중으로 날려 버렸다. 지금 이 땅은 일찍이 경험해 보지 못한 갖가지 싸움에 시달리고 있다. 나의 뒤를 이어 비로소 지상은 '정치의 횡포'를 경험하게 될 것이다.

그리스도의
삶은 분명
고귀했다

차라투스
트라는
이렇게
말했다

히브리 출신인 그리스도는 히브리 사람들의 증오와 눈물과 우울밖에 보지 못했다. 그 무렵 그리스도는 죽음을 동경했을 것이다. 그가 만약 쓸쓸한 벌판을 찾아 떠났더라면, 그 슬픈 인생들과 멀리 떨어져 있었더라면 그는 삶을 좀 더 진지하게 바라볼 수 있었을 것이다.

나의 말을 믿어 주기 바란다. 형제여, 그는 너무 일찍 죽었다. 그가 내 나이까지만 살았던들 자신의 설교를 취소했을 것이다. 그는 분명 고귀한 삶이었으니까. 하지만 그는 성숙될 시기를 맞지 못했다. 그는 너무 젊었다. 그는 너무 쉽게 인간과 대지를 증오했다. 그의 영혼과 정신은 죽는 순간까지 얽매여 있었고 자유롭지 못했다.

나의 가장
신성한 제물이
질식해 버렸다

죽음이 하는 짓은 언제나 그런 식이었다. 그는 나의 가장 귀한 꿀을 쓰게 만들었고, 꿀벌의 근면을 광기로 변질시켰으며, 염치없는 거지들은 나를 괴롭게 했다. 그는 나를 몰지각한 세계로 인도했다. 그리고 이곳에서 나의 신용을 타락시켰다. 또 내가 가장 신성한 제물을 그대에게 바쳤을 때, 그대는 훨씬 기름진 제물을 자랑했다. 그 때문에 나의 가장 신성한 제물은 그 기름진 냄새 속에서 질식해 버렸다.

강동호 **angel mine 24** 2022 | 캔버스 위에 아크릴 | 72.7x60.6cm

그리고 니체

모든 시대의 인간은 무엇이 선이고 악인지 그리고 무엇이
칭찬할 만하고 비난할 만한지 알고 있다고 믿었다는 것은
학자의 올바른 판단이다. 그러나 지나온 어느 시대보다도 지금의
우리 시대가 그것을 더 잘 알고 있다는 것은 학자의 편견에 불과하다.

불멸에 대한 학설을
나는 병이라고
정의한다

신이란 하나의 사상이다. 그 사상은 모든 진지한 사물을 왜곡시키며, 스스로 서려는 자들을 어지럽게 한다. 시간은 이미 흘러갔다. 시간과 함께 사라진 것은 모두 허위에 불과하다. 이런 생각을 할 때마다 인간은 현기증을 느끼며 뱃속에선 구역질이 올라온다. 이런 억측을 나는 위장병이라고 정의한다. 나는 그것을 악이라고 부르며 인간에 대한 혐오라고 규정짓는다. 유일한 것, 원만한 것, 움직이지 않는 것, 흡족한 것, 그리고 불멸한다는 것에 대한 모든 학설을 나는 병이라고 정의한다.

인간은
처참한 운명을
환각으로 바꿔놓았다

오래된 전설이 있다. 미다스 왕이 디오니소스의 종자였던 현명한 실레노스를 쫓아 숲으로 들어갔으나, 여간해선 그의 발걸음을 잡을 수 없었다. 결국 간신히 붙잡은 뒤에 왕은 실레노스에게 물었다.

"인간이 추구할 수 있는 최상의 것은 무엇인가?"

실레노스는 뒤를 돌아보지 않고 침묵했으나 왕은 계속 그의 대답을 재촉했다. 마침내 이 현인은 너털웃음과 함께 토해 냈다.

"불쌍한 자여, 듣지 않는 것이 너를 위해 가장 좋은 변명임을 왜 모르는가. 너는 왜 나를 재촉하는가. 최상의 것은 다만 이것이다. 태어나지 않았어야 한다는 것, 존재하지 않았어야 한다는 것이다. 하지만 이미 태어난 네가 추구해야 할 가장 중요한 것은 어서 빨리 죽어 버리는 일이다."

인간의 지혜에 대해 올림포스의 신들은 어떻게 생각

하고 있을까. 바야흐로 우리의 눈에 올림포스라는 마의 산이 그 바닥을 드러냈다. 그리스인은 존재의 공포와 처참한 운명을 짊어졌음을 알았고 또 느껴 왔다. 살아야 했기에 그들은 그 공포와 모순을 올림포스의 신들이라는 환각으로 바꾸지 않으면 안 되었다. 실레노스의 철학은 올림포스의 신들이라는 저 예술적인 '중간 지대'를 침몰시켰다. 이제 신들은 그리스인의 시야에서 멀어져 간다. 생존을 위해 그리스인은 신들을 만들어 낼 수밖에 없었다. 존재가 보다 높은 영광에 휩싸여 신들 속에 마련되지 않았더라면 예민한 감수성과 끝없는 고뇌를 반복하는 저 민족은 존재의 무게에 깔려 사라졌을 것이다. 예술을 향한 인간의 열정이 올림포스의 세계를 성립시켰고, 신들이 자신들도 인간적인 생활을 하고 있음을 시인하게 만들었다. 영생을 바라는 인간의 욕망은 결코 불명예가 아니다. 호메로스적인 인간은 비탄마저 생존의 찬가로 바꿔 부른다.

학문의 자유

13

학문은 주인인 철학을 배신했다.
이제 학문은 스스로 주인 역을 담당하려고
연구하면서 준비한다.
젊은 생물학도와 늙은 의사들은
철학과 철학자를 병적인 기형아
또는 과대망상증 환자로 분류하고 있다.

넓은 영역을
자유롭게
개척하라

　　도덕적인 문제를 연구하려는 자는 넓은 영역을 개척
해야 한다. 여러 가지 정열들을 하나하나 고찰하고 시대
와 민족, 크고 작은 개인을 통해서 연구해야 한다. ……
사랑의 역사, 식욕과 질투의 역사, 양심과 존경과 잔혹
의 역사가 어디 쓰여 있는가? 법의 비교사, 형벌의 비교
사로도 부족하다. …… 노동, 축제, 안식 등을 연구 대상
으로 하고 있는가? …… 학자나 상인, 예술가나 직업인
들의 풍습을 연구하는 사람들이 생겨나고 있는가? ……
인간 충동이 여러 가지 도덕적 풍토에 따라 어떻게 만족
되는지도 알아야 한다.

목표는
항상 영원성을
내포한다

우리가 평형상태를 달성할 수 있다고 하면, 혹은 일반적으로 지속, 불변성, 영원성을 내포하는 어떤 목표를 가지고 있다면 그 상태는 이미 달성되었을 것이다. 그러나 그것은 달성되지 않았다. …… 평형상태는 달성된 일이 없다는 사실 때문에 그것의 불가능성을 증명한다.

우리의 습관화된 관찰은 여러 현상들을 단일한 것으로 여기고 그것을 사실들(Factum)이라고 부른다. 또 이 사실들과 다른 사실들 사이에는 텅 빈 공간이 있다고 생각해서 각각의 사실들을 고립시킨다. 그러나 현상에 머물러 '있는 것은 오직 사실뿐'을 외치는 실증주의자들에 반대해서, 나는 말하리라. 사실은 없으며 있는 것은 오직 해석뿐이라고.

사회는
노동을 통해
안전해진다

오늘날 노동이 칭찬받고 노동의 축복에 관하여 지치는 일도 없이 이야기되는 경우…… 나는 저의를 본다. …… 노동을 바라볼 때, 실제로 느껴지는 것은 그러한 노동이 최고의 경찰이라는 점이다. 노동은 각 개인을 억제하고 이성, 열망, 독립욕의 발전을 방해할 줄 알고 있다는 것이다. …… 사회는 노동을 통해 보다 안전해질 것이다.

강동호 시작의 풍경1 2018 | 캔버스 위에 아크릴 |72x72cm

그리고 이제

만일 우리가 거울 그것 자체의 관찰을 꾀하면
우리는 결국 거울에 비친 사물 이외의 아무 것도 발견하지 못한다.
만약 우리가 물을 파악하려고 하면 우리는 결국 거울 이외의
어떤 것에도 도달하지 않는다. 이것이 인식의 가장 일반적인 역사이다.

무례한 행동으로
자신을 감추어 온
신의 사도

이 책이 16년이나 지난 지금까지도 나는 얼마나 불만
스럽고 낯선지 굳이 감추지 않겠다. …… 이 책은 학자
의 모습을 하거나 독일인의 무거운 성격과 변증법적 무
뚝뚝함 속에 자신을 감추어 온, 그리고 바그너주의자들
의 무례한 태도 속에 자신을 감추어 온 어떤 신의 사도
가 말하고 있다.

우리는
진정 인간인가
기계인가

반시대적
고찰

  인간들은 벌거벗은 철학의 몸뚱이에 유행하는 천박
한 옷가지들을 걸쳐 놓고 만족해한다. 이러한 자들이 바
로 현대인이다. 그렇다! 분명 사람들은 철학적으로 생
각하고, 쓰고, 인쇄하고, 말하고, 가르친다. 그래서 나는
자문한다. 우리가 진정 인간일까? 생각하는 기계, 쓰는
기계, 인쇄하는 기계, 말하는 기계, 가르치는 기계에 불
과한 것은 아닐까?

혹독한 겨울에는
영리한 자들도
불신을 배운다

차라투스
트라는
이렇게
말했다

물에 나무 기둥이 서 있고, 판자 다리와 난간이 흐름 위에 걸쳐져 있던 시기, 그때에는 '만물은 유전한다'는 말을 아무도 믿지 않았다. 심지어 바보들까지도 반박한다. "만물이 유전해? 물 위로 기둥과 난간이 서 있는데도!" …… 그러다 혹독한 겨울이 오면 이제 가장 영리한 자들까지도 불신을 배운다. "만물이 정지하게 되어 있는 게 아닐까?" 바보들만 그렇게 이야기하는 게 아니다. 사납게 날뛰는 황소는 그 성난 뿔로 얼음을 부숴 버리는 것이다. 그리고 얼음은 판자 다리를 부숴 버린다! 오 나의 형제들이여, 이제 만물이 유전하고 있지 않는가?

욕망이란
무엇인가?

고정되고 불멸하고자 하는 욕망, 존재하고자 하는 욕
망이 원인인가 아니면 파괴, 변화, 새롭고 기묘함, 미래,
생성의 욕망이 원인인가? …… 영원화의 의지도 이중의
해석을 필요로 한다. 그것은 감사와 사랑으로 추진될 수
있고 …… 깊은 병으로부터 나오는 것일 수도 있다.

철학자가
위대한 인간으로
존재한 역사가 있는가?

그는 숙명적으로 안고 태어난 충동에도 불구하고, 말하자면 일종의 번데기 상태에 머물러 있었다. 나의 말이 칸트를 부정한다고 생각하는 사람은 철학자가 도대체 무엇인지 전혀 이해하지 못하는 자다. 철학자는 위대한 사상가일 뿐 아니라 참된 인간이라는 점을 명심해야 한다. 그러나 학자들이 단 한 번이라도 인간으로서 존재한 역사가 있는가. 그들은 사물과 사물 사이에 성립하는 모든 개념 및 의견, 과거를 몽땅 책 속에 집어넣으려고 발버둥친다. 이런 인간들에게 최초의 사물이 자신을 드러내는 일은 결코 없을 것이다.

왜냐하면 비평가들은 어느 순간부터 펜을 지배하는 힘을 상실하여 스스로 펜을 움직이는 것이 아니라 오히려 펜에 의해 움직여지고 있기 때문이다. 그들이 보여주는 비판의 무절제한 형태는 로마인들이 불능이라고 규정지은 '지배력의 결여'로 설명할 수 있다.

도덕이 본분을 잊고
인간을 지배하려 해선
안 된다

반그리
스도

　　나는 도덕가로서의 칸트에게 항의한다. 진정한 도덕이란 우리가 필요할 때 발명되어야 한다. 그것은 인간의 지극히 개인적인 정당방위의 수단이며 필수품이어야 한다. 만에 하나 도덕이 자신의 본분을 잊고 인간의 방향을 설정하려고 시도하거나 지배하려는 생각을 품고 있다면, 도덕은 인간을 위협하는 폭발물일 뿐이다. 따라서 칸트가 내세우는 도덕은 필요에 의해 발생한 불가분한 결과물이 아닌, 도덕이라는 하나의 개념에 바쳐진 그의 헌신과 존경이다.

274

강동호 **사랑의 손** 2022 | 캔버스 위에 아크릴 | 60.6x72.7cm

그리고 니체

금욕주의적 이상은 무엇을 의미하는가?
예술가에 있어서는 아무런 의미도 없을 수 있지만
상당히 많은 것을 의미하기도 한다. 철학자와 학자들의 경우에는
보다 높은 영적 상태를 위한 가장 좋은 전제조건들을 감취할 수 있는
감각이나 본능 같은 것을 의미한다.

교만한 지식인은
논리적 역설을
자주 사용한다

가장 무례한 지식인은 논리적 역설을 자주 사용하는 교만한 박식가들이다. 우리는 저 정신착란자들이 출간하는 책을 절대로 읽어선 안 된다. 그들은 뻔뻔스러운 얼굴로 지금 막 휘갈겨 쓴 책들이 논리적이라고 주장한다. 그들은 '그래서'라는 단어에 대해 "어리석은 독자여, 이 '그래서'라는 말은 그대의 것이 아니다. 이것은 나를 위해 존재하는 단어다"라고 아무렇지도 않게 지껄인다. 이에 대한 우리의 대답은 이것이다.

"어리석은 저자여, 그대는 대체 무엇 때문에 쓰는가?"

냉철한
사람들을
믿지 마라

학자를 조심하라! 그들은 너희들을 증오하고 있다. 그들은 비생산적이기 때문에 생산에 집착하는 너희들을 증오하고 있다! 너희들을 바라보는 그들의 시선은 차갑고 또한 건조하다. 그들에게 발각되면 어떤 새일지라도 깃털을 모두 뜯기고 만다. 그들은 더 이상 거짓말을 하지 않겠다면서 우쭐대고 있다. 하지만 그들에게 거짓을 꾸며 낼 능력이 없다고 해서 그들이 진리를 사랑하고 있다는 증거로 삼을 수는 없다. 이 점을 명심하라! 열광하지 않는다는 것만으로는 인식을 헤아릴 수 없다. 나는 냉정한 사람들을 믿지 않는다. 거짓말을 할 수 없는 자는 진리가 무엇인지 모르는 사람들뿐이다.

일의 과정을
즐기는 인간을
예술가라 한다

즐거운
학문

    사람들은 소득을 위해 일한다. 이것은 모든 문명국들의 구성원이 선택하는 당연한 논리다. 그들에게 일은 하나의 수단일 뿐 결코 목적은 아니다. 따라서 일을 통한 소득의 정도가 일을 선택하는 첫 번째 조건이 된다.

    그런데 소득의 정도보다 일의 즐거움을 더 먼저 따지는 희한한 인간이 있다. 그들은 지나치게 일을 가리고 쉽게 만족할 줄 모르는 종족이다. 그들에겐 일이 목적이고 일의 만족이 소득의 정도가 된다. 만약 아무리 소득이 많더라도 일 자체가 마음에 들지 않으면 그들은 움직이려고 하지 않는다. 예술가와 철학자가 이 종족에 속해 있다.

    또 이런 종족도 있다. 사냥이나 여행 혹은 사랑에 일생을 바치는 자들이다. 이들은 일의 결과가 아니라 과정을 즐긴다. 특히 과정이 괴로울수록 더욱 열광한다. 만약 이런 요건을 충족시키지 못한다면 그들은 쉽사리 일하려고 하지 않는다. 그들이 두려워하는 것은 가난이나 권태가 아니다. 맹목적으로 반복되는 일이다.

철학이
순수한 학문이라는
주장에 대항하라

　　교수들이 그토록 자주 인용하는 이 '진리'는 질서를 어지럽히거나 기존의 질서에서 결코 벗어나지 않는 매우 얌전한 존재인 것 같다. 대학이 가르치는 '진리'는 갖가지 불만이 뒤엉킨 젊은 영혼에게 속삭인다. "우리는 당신들을 분노하게 만들 생각은 없답니다. 우리들은 단지 '순수한 학문'이니까요." 이 '진리'는 한마디로 쾌적하고 기분 좋은 피조물에 불과하다. 내가 말하고 싶은 것은 진리 혹은 철학이 '순수한 학문'이라는 인식에 대항해야 한다는 점이다.

느끼지 못하는
감각이 진정
자유일까?

　　자신이 어떤 관념이나 사물에도 의존하지 않는다고 생각할 때 인간은 자신이 독립적이라고 확신한다. 하지만 그 반대가 진실이라면 어떻게 되는 것일까? 즉, 인간은 항상 예속에 묶여 살아가지만 오랜 습관 때문에 쇠사슬의 무게를 더 이상 느낄 수 없는 것이라면 어떻게 되는 걸까? 느끼지 못하는 감각이 진정 자유일까? 인간이 말하는 자유가 느끼지 못하는 감각이라면, 의지의 자유란 대체 얼마나 오랫동안 지속된 속박이란 말인가.

상처받은 인류는 새로운 철학자가 필요하다

우리는 지금껏 경험해 보지 못한 이질적인 신앙 앞에 놓여 있다. 그것은 바로 민주주의의 태동이다. 이 새로운 정치체제는 퇴폐주의의 또 다른 이름이라고 할 수 있다. 이는 퇴폐주의가 찾아낸 최초의 형식일 뿐 아니라 보편화되어 버린 저능아이다.

우리는 이제 누구를 위해 희망을 이야기해야 하는가? 그것은 오직 새로운 철학을 위해서이다. 그것은 오직 반대되는 가치들을 새롭게 제안하고, 우리의 억눌렸던 저 영원한 가치들을 새롭게 제안하고, 우리의 억눌렀던 저 영원한 가치를 소멸시킬 수 있을 만큼 강렬한 정신을 소유한 자들을 위해서이다. 그것온 오직 수천 년의 의지를 완성시킬 미래의 인간, 즉 선지자를 위해서이다. 상처받은 인류의 미래를 회복시키려면 대가가 필요하다. 미래가 숙명이 아닌 선택임을 우리들 스스로에게 가르치는 것이 필요하다. '역사'라는 이름으로 불리던 저 무지와 광기와 우연의 몸서리쳐지는 지배에서 벗어나려면 우리에겐 새로운 철학자가 필요한 것이다.

강동호 하이브리드 사피엔스 2018 | 캔버스 위에 아크릴 | 140x130cm

그리고 이제

모든 심오한 사상가는 오해되기보다 이해되는 것을 더 두려워한다.
오해는 그의 허영심을 건드리지만 이해는 그의 동정심을 건드린다.
그의 동정심은 항시 다음과 같이 말하곤 한다.
'아아, 그대들은 어째서 나처럼 어렵게 살기를 바라는가?'

학문은 철학을 향해
무분별한 독선을
강요하고 있다

학문은 오랜 세월 신학의 하녀 노릇을 담당했지만, 지금은 이 모든 계급의 굴레를 벗어던진 채 철학을 향해 저 오만하고 무분별한 독선을 강요하고 있다. 오늘날 학문이 입버릇처럼 떠드는 말은 "내가 또 무슨 짓을 저지를지 모르겠다"는 것이다. 학문은 주인인 철학을 배신했다. 이제 학문은 스스로 주인 역을 담당하려고 준비한다. 젊은 생물학도와 늙은 의사들은 철학과 철학자를 병적인 기형아 또는 과대망상증 환자로 분류하고 있다.

사상가는
자아의 정체성을
타고나지 못한 부류이다

인간적인
너무나
인간적인

   자아와 자신의 직업을 한순간에 버릴 수 있는 용기를 갖지 못한 자는 예술적으로도 과학적으로도 결코 일류가 될 수 없다. 예외적으로 사상가만이 자아의 정체를 타고나지 못한 부류인데, 그들은 세계와 역사를 해설하며 이렇게 덧붙일 것이다.

   "신 또한 우리와 마찬가지로 이 같은 용기를 지니지 못했다. 그는 사물을 너무 우습게 만들려 했고 또 실제로 만들어 버렸다."

권리의 시작은 '관습'으로 거슬러 올라간다

권리의 시작은 우선 '관습'으로 거슬러 올라간다. 그리고 관습은 다시 '협정'으로 거슬러 올라간다. 지난날 이 협정이 맺어졌을 때 모든 사람들이 만족했다. 하지만 정식으로 다시 갱신해야 한다는 점을 누구도 인식하지 못했다. 이윽고 협정은 지속되었고, 사람들의 망각이 협정을 관습으로 받아들이게끔 만들었다. 이 관습은 또다시 수천 년이 흘러 사회의 시작과 동시에 발생한 규정으로 인정되었고, 규정은 마침내 '강제'가 되었다.

나를
찾아서

14

작은 곳에서부터 자제심이 결여되기 시작하면
곧 가장 중요한 순간에 자제심이 무너지고 만다.
적어도 한 번쯤 일상에서
사소한 인내마저 허락하지 않는다면
그날은 결국 실패로 기록될 것이며,
다음날까지 어제의 실패를 안고 살아가야 한다.

번개와 뇌성
그리고 별빛도
시간이 필요하다

즐거운
학문

　기다리지 못하고 나는 너무 일찍 왔다. 나의 때는 아직 오지 않았다. 이 엄청난 사건은 아직도 계속되고 있으며 방황 중에 있다. 그것은 아직 인간의 귀에까지 도달하지 못했다. 번개와 뇌성도 시간이 필요하다. 별빛도 시간이 있어야 한다. 행위들, 그것이 비록 완성된 것일지라도 볼 수 있고 들을 수 있을 때까지는 시간이 있어야 한다.

　'이것은 하지 마라! 단념해라! 너 자신을 극복하라!' 나는 실제로 이렇게 말하는 도덕을 혐오한다. 반대로 내가 사랑하는 도덕은 어떤 일이든 행하도록 촉진시키고, 반복해서 행하도록 자극하고, 아침부터 저녁까지 행하도록, 밤은 밤대로 꿈꿀 수 있도록 재촉하며, 이것을 잘하는 일 외에 아무 것도 생각하지 않는 그런 것이다.

나는 그들을
뒤바뀐 불구자라고
부른다

온몸은 하나의 커다란 눈이다. 하나의 커다란 입이다. 하나의 커다란 배이다. 거대한 몸통 외엔 아무것도 갖지 못한 인간들, 나는 그들을 뒤바뀐 불구자라고 부른다.

내가 그 고독으로부터 탈출해 처음 이 다리를 건너게 되었을 때 나는 나 자신의 눈을 믿지 않았다. 그리고 여러 차례 살펴본 다음, 마침내 이렇게 말했다. "저건 귀다. 등신대의 귀다!" 나는 더욱 주의 깊게 살펴보았다. 그러자 그 귀밑에 딱할 만큼 작고 초라한 것이 움직이고 있었다. 거짓말이 아니다. 그 거대한 귀는 가냘픈 줄기 위에 앉아 있었다. 놀라지 말라. 그 줄기는 인간이었다. 돋보기를 걸친 사람은 그 작은 인간의 질투에 휩싸인 얼굴을 볼 수 있었을 것이며, 부어오른 작은 영혼이 그 줄기에 매달려 있는 모습도 볼 수 있었을 것이다. 하지만 사람들은 나에게 말했다. "이 커다란 귀는 인간입니다. 아주 큰 인간입니다. 아니, 천재입니다." 사람들이 위인에 대해 이야기할 때 나는 결코 그들의 말을 믿지 않았다. 그리고 나의 신념을 지켜 냈다.

"가진 것이 너무 적거나 너무 많은 자는 뒤바뀐 불구자이다."

강동호 **angel mine** 2022 | 캔버스 위에 아크릴 | 72x53cm

그리고 니체

친구들이여, 우리들이 젊었을 때 우리는 괴로웠다. 청춘 그 자체를
흡사 무거운 병인 양 괴로워했던 것이다. 그것은 우리들의 시대
때문이었다. 커다란 내면의 퇴폐와 분열의 시대인 까닭이었다.
그것은 그 모든 약함을 가지고 그 최상의 강함을 가지고서도
젊은이의 정신을 저지하였던 것이다.

고뇌의 몸부림은
피할 수 없는
숙명이다

작은 곳에서부터 자제심이 결여되기 시작하면 곧 가장 중요한 순간에 자제심이 무너지고 만다. 적어도 한 번쯤 일상에서 사소한 인내마저 허락하지 않는다면 그날은 결국 실패로 기록될 것이며, 다음날까지 어제의 실패를 안고 살아가야 한다.

만일 자신의 지배자가 오직 자신뿐이라는 이 기쁨을 지속시키고 싶다면 서서히 거리를 좁히는 고뇌의 몸부림이 피할 수 없는 숙명임을 인정해야 한다.

나의 의지는
비탈길에
촛불을 켜 놓았다

바람이 숲을 배회한다. 바람이 가지를 흔들 때마다 진리가 떨어진다. 하지만 사람들은 줍지 않는다. 그들은 너무 오랫동안 가을을 겪었다. 이젠 추수가 왜 필요한지도 잊어버렸다. 인간이 진리에 굴복한 것이다. 또 어떤 사람들은 진리를 짓밟았다. 그들이 보기에 너무 많이 떨어졌다고 생각되었기 때문이다.

분명 우리는 진리를 손에 넣었다. 이것은 결정적인 사실이다. 하지만 진리를 정하는 기준이 '나'라는 것을 손에 넣지 못했다. 결정의 권한은 내게 있다. 마치 내 안의 의지가 가파른 비탈길에 촛불을 켜 놓은 것처럼. 그것은 어디까지나 나의 자유다. 나의 의지는 비탈길에 촛불을 켜 놓았다. 비탈길, 이것이 내가 선택한 진리다.

나의 양식(문체)에 대해 이야기하겠다. 기호의 속도를 포함하여 기호라는 수단을 통해 하나의 상태, 파토스의 내적 긴장을 전달한다는 것, 그것이 모든 양식이 뜻하는 바이다. 그런데 내 경우에는 예외적으로 내적 상태의 다양성이 아주 크기 때문에 아주 많은 양식의 가능성을 가지고 있다. 그것도 이제까지 한 인간이 가지고 있을 수 있는 가장 다양한 종류의 양식이다.

철학자는
미사여구를
좋아하지 않는다

철학자는 모럴리스트를 좋아하지 않는다. 철학자는 미사여구도 좋아하지 않는다. 그렇다면 철학자는 자신에게 무엇을 원하는가? 그는 자신이 시대를 극복한 '초월자'로 남기를 바란다.

그렇다면 그는 무엇 때문에 그토록 격렬히 투쟁하는가? 바로 철학자를 시대의 부산물로 만드는 모든 특징에 대항하는 것이다. 나는 바그너만큼이나 이 시대의 부산물이 되고 싶다. 나를 가리켜 스스로 '퇴폐주의자'라고 규정짓고 싶다.

철학자의 긍지를 돈으로 살 수는 없다

철학자를 존경하는 마케도니아의 어느 왕에 대한 이야기다. 그는 세상을 등진 아테네의 한 철학자에게 1달란트를 보냈다. 그러나 철학자는 이 돈을 받지 않고 돌려보냈다. 그러자 왕은 "그는 나 같은 친구가 필요 없다는 것인가?"라고 말했다. 이 말을 해석해 보면 다음과 같다.

"나는 이 독립적인 철학자의 높은 긍지를 사랑한다. 또한 내가 그의 긍지 중 하나이길 바란다. 하지만 나는 누구의 도움도 받지 않겠다는 그의 철학을 무너뜨리고 싶다. 그가 자신의 철학보다 친구인 나의 명예를 더 존중하고 있다는 점을 세상에 자랑하고 싶다. '그 위대한 철학자의 친구가 누구이기에 그를 마음대로 도와줄 수 있는가? 그가 대체 누구인가?'라는 질문에 '바로 나다'라고 대답하고 싶다."

보라! 저 괴물은 우리를 향해 울부짖고 있다

나는 민중의 죽음에 대해 말하고자 한다. 나의 형제들이여! 이곳엔 민중이 없다. 다만 국가가 있을 뿐이다. 국가란 식어 버린 시체이며 가장 냉혹한 괴물이다. 그들은 아침마다 거짓말을 늘어놓는다. 그들은 우리를 기만하고, 지배하며, 잔인하게 물어뜯는다. 그들은 우리를 볼 때마다 이렇게 외친다. "국가는 민중이다!"

이 말에 속지 말라. 그것은 거짓말이다. 민중을 창조하고 그들에게 믿음과 사랑을 베푼 것은 창조자였다. 우리의 삶에 희생된 자는 오직 우리들 자신뿐이었다. 우리는 함정에 빠진 것이다. 국가라고 불리는 저 파괴자들이 파 놓은 함정에 발을 들이민 것이나. 그들은 함정에 빠진 우리에게 한 자루 칼과 백 가지 욕망을 쥐어 주었다. 우리는 이 칼과 욕망에 지나칠 정도로 익숙해졌다.

너무 많은 인간들이 태어났다. 우리가 키우고 양육할 수 없을 정도로 너무 많이 태어났다. 그래서 우리는 국가에게 도움을 요청하게 된 것이다. 국가는 우리의 요구를 들어주는 대신 우리에게 생산을 요구한다. 우리가 감당할 수 없을 정도로 많은 생산을 요구한다. 자신의 지위가 유지되도록 우리를 물어뜯고, 씹고, 삼키고, 다시 물어뜯는 것이다.

보라! 저 괴물은 우리를 향해 울부짖고 있다. "이 세상에 나보다 더 위대한 존재는 없다. 나는 신이 다스리는 손가락이다." 그대들은 국가와의 싸움으로 지쳤다. 국가는 그대들이 만든 또 하나의 그대였기 때문이다. 이 피로가 그대들에게 새로운 우상을 섬기라고 부추긴다.

민중이 자기 자신을 상실하는 곳, 민중이 스스로 목숨을 끊는 곳, 민중이 삶이라고 부르는 그곳을 나는 국가라고 부른다.

터무니없는
일을 당해도
축제처럼 즐길 것

섬세한 감각과 섬세한 취미를 가질 것. 강력하고 대담하며, 자유분방한 마음을 유지할 것. 침착한 눈동자와 확고한 발걸음으로 인생을 짓밟을 것. 터무니없는 일을 당해도 마치 축제에 참가한 것처럼 즐길 것. 미지의 세계와 해양, 인간과 신들을 기대하며 인생을 지켜볼 것. 마치 그 미지의 세계를 지키는 병사와 선원들이 잠시 동안의 휴식과 즐거움으로 피로를 잊는 듯, 혹은 이 찰나의 쾌락 속에 인간의 눈물과 진홍색 우수를 잊는 듯이 밝은 음악에 귀를 기울일 것.

이 모든 것의 소유주가 바로 자신이기를 바라지 않는 자가 있을까. 호메로스야말로 이 같은 행복에 도취된 사나이였다. 그리스인을 위해 그들의 신들을, 아니 자기 자신을 위해 그는 신을 만들었다. 하지만 결코 이 사실을 숨겨서는 안 된다. 호메로스가 누린 행복은 인간이 태양 아래 가장 괴로운 생물이라는 것, 그리고 다만 이 값어치를 지불하기 위해 생존의 물결이 밀어닥친 해변에서 조개를 줍고 있다는 사실을 깨달은 기쁨이었다.

강동호 lump 2 2021 캔버스 위에 아크릴 | 53x45cm

그리고 내게

지쳐서 자기 자신에게 싫증이 났을 때 원기를 회복하려면 어떻게
하면 좋을까? 어떤 사람은 도박장에 가고 어떤 사람은 신앙을 찾는다.
또 다른 어떤 사람은 전기요법을 할지도 모른다.
나의 친애하는 우울병자여, 가장 좋은 것은 역시 많이 자는 것이다.
그러면 또다시 새로운 아침이 찾아올 것이다.

얼음과
죽음의 저편에서
행복을 찾으라

그대의 얼굴을 자세히 바라보라. 우리가 살고 있는 이
곳이 어딘지 아는가? 그렇다. 이곳은 북극이다. 차디찬
유배지다. 우리가 이 세상과 얼마나 동떨어진 곳에 살고
있는지 그대는 아는가? 육지에서도 바다에서도 우리는
세상으로 향하는 길을 찾을 수 없다. 어쩔 수 없이 북쪽
에서, 얼음과 죽음의 저편에서 우리의 삶, 우리의 행복
을 찾아야 한다. 하지만 우리도 곧 행복해질 것이다. 마
침내 우리는 길을 알아냈다. 우리는 지난 수천 년 동안
이 미로에서 출구를 찾아 헤맸다. 그리고 얼마 전 우리
는 그 출구를 발견한 것이다. 설마, 저 무능력한 현대인
들이 우리의 행운을 가로채지는 않겠지? "나는 출구도
모르고 입구도 모른다. 그냥 서성일 뿐이다." 이것은 현
대인의 탄식이다. 이런 현대적인 감성이 우리를 병들게
한다. 듣기 좋은 평화, 비굴한 타협, 긍정도 아니고 부정
도 아닌 대담에, 이 모든 불결함에 우리는 전염되었다.

302

이따위 전염병에 시달리느니 차라리 이 얼음 동굴을 떠나지 않으리라! 나는 우리의 용기를 믿는다. 지금까지 기다렸듯이 다음 세대를 기다리면 된다. 다만 우리는 너무 오래 기다렸다. 기다리는 동안 우리의 얼굴은 점점 더 우울해졌다. 그래서 사람들은 우리를 숙명론자라고 불렀다.

학문의 요구에 의해 모든 이정표가 쓰러졌다

내가 잘못 본 것이라면 다른 사람들이 그것을 지적해 줬으면 좋겠다. 나는 내가 본 것만을 말한다. 학문에 의해, 학문의 요구에 의해 모든 이정표가 쓰러졌고, 일찍이 존재했던 고통들이 한꺼번에 인간을 향해 달려들기 시작했다. 원근법의 반복적인 생성으로 인간의 무한을 의식하기에 이르렀다. 다행히 이 참혹한 연극을 아직 어떤 종족도 깨닫지 못했다.

나의 발걸음은
훨씬
단단해졌다

인간적인
너무나
인간적인

　나는 지금 앞으로 나아가고 있다. 그리고 굉장히 높이 올라왔다. 이에 대한 몇 가지 확실한 증거도 있다. 주위가 전보다 넓어졌고 전망도 훨씬 좋아졌다. 바람이 조금 차가워졌지만, 내 가슴은 따뜻해졌다.

　이제 나는 온화함과 따스함을 혼동하는 어리석음에서 벗어날 수 있다. 나의 발걸음은 훨씬 단단해졌고 또한 확실해졌다. 용기가 나를 성장시켰다. 앞으로 나는 더욱 고독해질 것이며 이전보다 험난해진 길을 걷게 될 것이다.

예술가의
열정

15

예술이 바로 지상이다.
그것은 삶을 가능케 하는 위대한 움직임이며
평범한 삶에서 도피할 수 있게끔
사람들을 자극하는 위대한 유혹이다.
예술은 삶을 부정하려는 모든 의지를
짓누를 수 있는 유일한 힘이다.
예술은 인식하는 자를 구제한다.

셰익스피어의
고뇌

나는 셰익스피어보다 더 마음을 갈기갈기 찢어 주는 작품을 알지 못한다. 그토록 어릿광대가 될 필요가 있었다면 그 사람은 얼마나 많은 고민을 했을까? 사람들은 과연 햄릿을 이해하고 있는 것일까? 사람을 미치게 하는 건 회의보다도 확실성이라는 걸 사람들은 알고 있을까?

베이컨의
자학

나는 베이컨이 섬뜩한 문학의 창시자이며 자학하는 자라는 것을 확신해마지 않는다. 미국의 정신착란자와 바보들의 측은한 잡담 같은 것이 내게 무슨 소용이 있는가? 그러나 환상이라는 현실, 그것에 도달하려는 힘은 행위와 기괴스러움과 범죄로 이끌어 주는 가장 강력한 힘과 하나가 된다. 그것과 하나가 됨으로써 이런 것들은 존재한다. 우리는 아직도 말의 온갖 위대한 의미에 있어서의 첫 현실주의자인 베이컨이 무슨 일들을 했는지를 잘 모른다. 또한 우리는 그가 무엇을 하려 했는지, 그리고 그가 무엇을 스스로 체험했는가를 알 만큼 충분하지도 못하다. 더욱이 악마에게나 가야 할 비평가들이 그것을 알까?

볼테르의
정신

.

내 책에서 볼테르라는 이름이 나오는 것, 그것은 정말 하나의 진보였다. 볼테르를 보면 안전한 지하 감옥, 즉 최후의 안전을 누리고 있는 모든 소굴을 아는 무자비한 정신을 발견하게 된다. 전혀 횃불처럼 흔들리는 불빛이 아닌 이상한 횃불을 손에 들고 예리한 조명으로 이 이상한 지하 세계를 내리비춘다. 그것은 전쟁과 같다. 그러나 화약도 포연도 없는, 전투 자세나 파토스도 없는 전쟁인 것이다.

이 모든 것, 그것 자체가 '이상주의'라는 것일까? 모든 오류들이 얼음 위에 놓여진다. '이상'은 반박당하지 않는다. 그것은 얼어 죽는 것이다. 여기서는 천재가 얼어 죽는다. 한 걸음 더 나아가서는 성자가 얼어 죽는다. 마지막으로 얼어 죽는 것은 '신앙', 이른바 '확신'이다. 또한 동정도 현저하게 냉각된다. 거의 어디서든 '사물 그 자체'가 얼어 죽는다.

강동호 new soul 6 2022 | 캔버스 위에 아크릴 | 53x45.5cm

그리고 미체

독창적인 것이란 새로운 것을 처음으로 보는 것이 아니라 낡은 것,
예부터 알려졌던 것, 누구의 눈에나 비치긴 했으나 간과되었던 것을
새로운 것인 양 보는 일이며 진정한 독창적 두뇌의 증좌이다.
최초의 발견자는 대개가 저 아주 어리석고 미련스러운 공상가의
우연이란 룸펜에 지나지 않는다.

호메로스의
정열

　　오직 자신에게만 침잠하며 꿈꾸는 백발의 사람, 아폴
로적이며 소박한 예술가의 전형인 그 사람, 호메로스는
이제 깜짝 놀란 것처럼 인생 속을 내닫는 호전적인 뮤즈
의 시종 아르킬로코스의 정열적인 정신을 바라본다.

실러의
혼연일체

그는 시작 과정을 의심할 여지가 없는 심리학적 관찰에 의해 밝혀내고 있다. 실러의 고백에 의하면 그는 시작 행위에 선행하는 예비적 상태로서, 사상이라고 하는 질서 있는 인간관계를 가진 일련의 심상을 마음속에 가지는 것이 아니라고 한다. 그는 도리어 어떤 음악적 기분을 갖는다고 말한다. 나의 경우에도 감각은 물론 처음에는 명확한 대상을 갖지 않았었다. 대상은 뒤에 가서 비로소 형성되는 것이다. 나의 경우에는 어떤 음악적 정감이 먼저 나타나고 그것에 의해 비로소 시상이 나타난다. 고대 서정시 전반에 걸쳐 가장 중요한 현상은 음악가와 서정시인이 동일 인물이었다는 그 결합 현상이었다. 그래서 나는 근대 서정시는 머리 없는 신상처럼 생각된다.

우리는 이제 우리의 미적인 형이상학을 근거로 서정시인을 설명할 수 있을 것이다. 서정시인은 무엇보다도 디오니소스적인 예술가로 근원적 유일자와 일체가 되어, 즉 유일자의 고통과 모순에도 완전히 일체가 되어 있는 사람이다.

쇼펜하우어의
의지

문제가 되는 것은 최후의 독일 사람, 바로 쇼펜하우어
라는 심리학자이다. 허무주의를 근거로 삶의 가치를 낮
추기 위하여 삶에의 의지를 높였던 악의에 찬 천재가 바
로 그이다. 쇼펜하우어는 차례차례로 예술을, 영웅주의
를, 천재를, 미를, 큰 공감을, 인식을, 진리에의 의지를,
비극을 부정의 출발지로 삼았다. 그는 그리스도를 제외
하고 역사상 가장 큰 심리학적 위조자이다.

아, 도처에 먼지와 모래, 마비와 초췌뿐이로구나. 이
렇게 절망적이고 고독하여 울적한 상태에 몸을 던진 사
람들은 무엇보다도 자기들 스스로의 상징으로 간직할
수 있는 것, 즉 뒤레르가 우리들에게 그림으로써 보여
준 죽음과 악마를 데리고 있는 기사일 것이다. 갑옷과
투구를 쓰고 무서운 길에서도 의혹 없이, 홀로 말과 개
를 벗 삼아 청동과 같은 준엄한 눈빛을 하고 공포의 길
을 걸어가는 기사인 것이다. 바로 그런 뒤레르적인 기사

가 쇼펜하우어이다. 그에겐 아무런 희망도 없었다. 그러나 그는 진리를 바랐던 것이다. 쇼펜하우어, 그는 비할 바 없이 뛰어난 인물이다.

칸트의
성공

　'도덕가'로서의 칸트에 대하여 반박할 또 하나의 말
이 있다. 덕이란 우리들의 발명이요, 따라서 우리들의
가장 개인적인 정당방위며 필수품이어야 한다. 그 이
외의 다른 어떤 의미에 있어서도 덕이란 하나의 위험물
에 불과한 것이다. 우리들의 삶에 조건이 될 수 없는 것
은 우리들의 삶을 '손상'하는 것뿐이다. 그러므로 칸트
가 말한 것처럼 단지 덕이라는 개념에 대하여 존경이 우
러나오는, 그와 같은 덕은 해로운 것이다. 덕, 의무, '선
자체', '무인격성'과 보편타당성의 성격을 띤 선이란 환
상이다. 그런 곳에서는 삶의 몰락, 삶의 최후적 쇠퇴, 쾨
니히스베르크적인 군국주의가 있을 따름이다. 가장 깊
은 보존과 성장의 법칙이 명령하는 것은 이와는 전혀 반
대 현상이다. 각자는 자기 자신의 덕과 자신의 무상 명
령을 자기 스스로 발견해야 된다는 것이다. 어떤 민족
이라도 민족 자체의 의무를 의무 개념 일반과 혼돈할 때

그 민족은 필연코 멸망하고 만다. 모든 무인격적인 의무, 추상적인 몰록에 바친 모든 희생 이상으로 보다 깊이, 한층 더 내면적으로 사람들을 파멸시키는 것은 의무다. 칸트는 삶의 본능을 위험한 것으로부터 감추지 못했다. 다만 그는 신학자적인 본능으로 말했을 뿐이다. 삶의 본능을 억압하는 행위는 그것이 올바른 행위라고 하는 쾌감 속에 지니고 있다. 그러나 그리스도교적인 신념의 내장을 갖고 있는 그들 허무주의자들은, 쾌감을 오히려 이론으로 해석하여 왔던 것이다. 내면적인 필연성도 없이 깊은 개인적 선택도 없이 쾌감마저도 없이, 일하고 생각하고 또 느끼고 의무의 자동기계처럼 급속히 파멸하는 것이 달리 또 무엇이 있단 말인가? 그것은 바로 데카당스에 이르는 처방이자 백치 상태에 이르는 처방이다. 더욱이 그가 괴테와 동시대인이었을 줄이야?

　내가 독일 사람들에 대하여 어떤 생각을 갖고 있는지는 말하지 않겠다. 칸트는 프랑스혁명 때 국가의 비유기적 형태로부터 유기적 형태로의 이행을 보지 않았단 말인가? 그는 인류의 도덕적 소질에 의하지 않고서는 도저히 설명될 수 없는 것이다. 따라서 이 소질로서 '인류의 선에의 경향'이 일거에 증명된 일이 있는지를 칸트는 스스로 묻지 않았던 것이다. 그러기에 "그것이 혁명이다"라고 하는 것이 칸트의 대답이다. 모든 것에 대하여 파악하기 어려운 본능, 본능으로서의 반자연, 철학자로서의 독일적인 데카당스, 이것이 칸트인 것이다. 이성과 이성의 권리는 별로 먼 곳까지는 미치지 않고 있다. 사람들은 실제성에서 하나의 가상을 만들어 냈다. 사람들은 전혀 날조된 세계, 존재자의 세계를 현실 세계라고 우겼다. 칸트의 성공은 다만 신학적인 성공에 지나지 않는다. 칸트는 루터와 라이프니츠와 꼭 같이 가장 박자가 정확하지 못한 독일적 정직성의 한 제동기 역할을 한 데 지나지 않았던 것이다.

도스토옙스키의
자극

내가 생각하기에 숭고하고, 병적이고, 어린아이 같은 순진함이 혼합되어 있는 감동적인 자극을 느낄 수 있었던 사람은 도스토옙스키와 같은 사람이다.

헨델의
독창성

그 악상의 독창적인 면에 있어서는 누구와도 견줄 수 없다. 그는 대담하고, 힘차고, 어떤 민족이 품고 있는 영웅적인 것과 피가 닿아 있었다. 헨델은 작품의 완성 단계에 이르면 가끔 정열과 자유를 잃고 자기 자신에게까지 싫증을 내곤 했다. 그래서 그는 창조자들이 일을 끝낸 후에 느끼는 기쁨을 별로 많이 느끼지는 않았다.

강동호 이름과 이미의 정원 2018 | 캔버스 위에 아크릴 | 140x130cm

그리고 니체

인간은 예술을 통해 완전한 존재로서의 자기 자신에 대해 기쁨을
느낀다. 그러나 기독교인이나 파스칼의 경우처럼 정반대의
반예술가들은 불가불 사물로부터 사물을 피폐하게 하고 쇠약하게 하며
사물을 〈메마르게〉만들지 않을 수 없다.

하이든의
선

그는 한 사람의 착하디 착한 인간으로서 천재성을 소
유하고 있었다. 그는 도덕성으로서 지성에 침투할 수 있
는 한계까지 침투해 들어가는 음악을 만들어 냈다. 그는
'과거'가 배제된 음악을 작곡했다.

베토벤의 순수

베토벤의 곡은 음악 속의 순수를 나타내는 곡이다. 우리가 갑작스레 베토벤을 듣고 깊이 감동하는 까닭은 작곡가의 내성 때문이다. 그것이 바로 음악의 음악이다. 길을 걷는 거지 아이의 노래 속에, 여행하며 노래하는 이탈리아인들의 노래 속에, 마을의 술집에서 울려 나오는 단조로운 가락 속에, 사육제의 무도가 속에 그의 멜로디는 들어 있다. 그는 여기저기에서 재빨리 한 음 한 구절을 끄집어내어 꿀벌처럼 선율을 모은다. 그것들은 나에게 '보다 좋은 세상'에서 얻을 수 있는 수많은 신들에게서나 느낄 만한 추억의 조각처럼 보이기도 한다. 그는 음을 플라톤이 이데아를 생각한 것처럼 생각한다.

모차르트의
역동

모차르트는 음악에 대한 태도가 베토벤과는 전혀 다르다. 그가 영감을 얻는 것은 음악을 들을 때가 아니라 인생에서 가장 역동적인 삶을 만날 때이다. 그는 이탈리아에 있지 않을 때에도 언제나 이탈리아를 꿈꾸고 있다.

슈베르트의
유산

　다음 음악가에 비교하면 슈베르트는 기교가 부족하다. 하지만 그는 모든 음악가 중에서도 가장 많은 유산을 남겼다. 후대의 음악가들이 200년이나 300년 동안 그의 착상을 파먹고 살아도 될 만큼 슈베르트의 작품은 우리들에게 하나의 창고가 되었다. 그러나 다른 음악가들은 그들의 가진 것을 모두 써 버림으로써 위대함을 얻었다. 만일 베토벤이 청중이라면 슈베르트는 연주자였다.

바그너의
혁명

    돌이켜 생각해 봐도 나는 바그너의 음악 없이는 내 청년 시절을 견디어 내지 못했을 것 같다. 그도 그럴 것이 나는 독일인이 되도록 이미 태어나기 전부터 선고받았기 때문이다. 만일 사람이 견딜 수 없는 아픔에서 벗어나려고 한다면 삼나무에서 뽑은 마취제가 필요한 것처럼 말이다. 그렇다, 나는 바그너가 필요했다. 바그너는 모든 독일적인 것에 대한 뛰어난 해독제인 것이다. 해독도 독이다. 나는 독이라는 사실에 이의를 제기하지 않겠다. 트리스탄의 발췌곡이 존재하게 된 순간부터…… 내 치하를 받으시라, 폰뷜로브 씨! 나는 바그너 숭배자가 되었던 것이다. 바그너의 옛날 작품들을 나는 내려다보았다. 아직 너무도 통속적이고, 너무도 독일적이었던 음악들. …… 그러나 나는 왜 지금도 트리스탄처럼 위험한 매혹을 지닌, 몸서리나고도 감미로운 무한성을 지닌 작품들을 찾고 있는가? 나는 모든 예술 안에서 그런 감동을 찾고 있다. 레오나르도 다 빈치의 모든 기이성도 트리스탄의 첫 음절을 듣는 순간 파괴된다. 이 작품이야말로 바그너의 철두철미한 장점이다. 그는 〈트리스탄〉으로부터 〈마이스터징거〉와 〈니벨룽겐의 반지〉에서 휴양을 했다.

우리가 금세기의 인간들이 서로에 대해서 번뇌할 수 있었던 것보다 한결 더 깊이 번민했다는 그 사실이 우리들의 이름을 영원히 다시 함께 맺어 준 것이다. 그리고 바그너가 독일인들 사이에서 하나의 오해에 불과하다는 것처럼 나 또한 그러한 것이 확실하며 나는 언제나 그러한 채로 있을 것이다.

그는 혁명가였다. 그는 독일인들에게서 도망쳐 달아났다. 예술가에게 있어 유럽에선 파리 이외의 고향은 없다. 바그너 예술의 전제인 모든 예술, 오관의 섬세성, 뉘앙스를 알아차리는 손가락, 심리학적인 전염성, 이런 것들은 파리 이외에는 존재하지 않는다. 그 밖의 어느 곳에도 형식 문제에 있어서의 정열, 연출에 있어서의 진지성은 없다. 그것은 뛰어난 파리의 진지성 때문이다. 독일에서는 파리 예술가의 영혼 속에 살고 있다. 또한 독일 사람들은 굉장한 야망에 대하여 전혀 아무런 뜻도 부여하지 않고 있었다. 독일인은 마음씨가 좋다. 그러나 바그너는 전혀 마음씨 좋은 사람은 아니었다.

슈만의
낭만주의

독일이나 프랑스의 낭만주의 시인들이 꿈꾼 듯한 청년, 이 청년 슈만이 그의 노래와 음악 속에 꿈을 담았다. 자신의 풍만한 힘을 스스로 느끼고 있는, 영원한 청년이었던 슈만에 의해서 말이다.

쇼팽의
행복

어떤 생활이라도 가장 행복한 순간은 있기 마련이다. 예를 들면 물가에서의 생활이라든가 심지어는 가장 가난하고 욕심 많은 사람들 사이에서 일어나는 시끄럽고, 더럽고, 지겨운 생활 같은 것에서도 말이다. 예술가들은 이것을 찾는 법을 알고 있다. 쇼팽은 이런 순간을 그의 뱃노래에서 맛보았다. 신들도 노래를 듣는다면 작은 배에 몸을 눕히고 싶어질 것이다.

멘델스존의
덕

   그의 음악은 이전에 존재한 모든 좋은 것에 대한 좋은
취미의 음악이다. 그것은 항상 자신의 배후를 가리키고
있기 때문에 미래를 지닌다는 것은 불가능한 듯 보인다.
그는 미래를 갖기 원했을까? 슈베르트는 예술가 중에서
도 덕을, 다시 말해 어떤 저의도 없는 덕을 지니고 있었
다. 그러나 이 덕도 자신의 배후를 가리키고 있는 덕이
었다.

예술가들은 허상을 보고 열광한다

　나는 가끔 예술가들이 자기가 가장 잘할 수 있는 일이 무엇인지 잘 모르고 있다는 생각을 한다. 그들은 자신의 임무를 찾기에는 너무 큰 허영에 빠져 있다. 그들의 감각은 새롭고 진기하며, 아름답고 완전하게 이 땅 위에서 자라나는 저 조그마한 식물들에 아무런 관심도 없다. 다만 큰 것, 도저히 가늠할 수 없는 것에만 열광한다. 그들의 조그만 정원과 과수원에 피어난 가치들은 피상적인 주인 때문에 전혀 인정받지 못하고 있다. 그들의 사랑과 통찰력은 이 작은 생명의 가치를 뒤쫓을 만한 힘이 없다.

예술은
인식하는 자를
구제한다

예술이 바로 지상이다. 그것은 삶을 가능케 하는 위대한 움직임이며 평범한 삶에서 도피할 수 있게끔 사람들을 자극하는 위대한 유혹이다. 예술은 삶을 부정하려는 모든 의지를 짓누를 수 있는 유일한 힘이다. 예술은 인식하는 자를 구제한다. 즉 비극적 인식에 사로잡힌 인간을 구제할 수 있다. 예술은 행동하는 자를 구원한다. 다시 말해 비극적, 전투적 인간인 영웅을 구원한다. 예술은 고뇌하는 자를 구원한다. 개인적인 고뇌를 정화시켜 한 개인의 극히 일상적인 고뇌마저 위대한 삶의 형식으로 바꿔 버릴 수 있다.

예술은
세상의 모든 것을
표현할 수 있다

예술은 생을 북돋우는 가장 큰 자극이다. 어떻게 예술을 목표가 없는 것, '예술을 위한 예술'로 해석할 수 있는가. 예술은 인생이 보여 주는 추악한 것, 가혹한 것, 기괴한 것마저 아무런 여과 없이 표현할 수 있다. 예술은 이런 활동을 통해 생의 고뇌에서 벗어나고자 몸부림치고 있다. 예술에 이런 의문을 부여한 철학자가 있다. 그는 '의지에서 해탈하는 것'이야말로 예술이 안고 있는 총체적인 의도라고 주장했다. 또한 '삶을 체념하지 않게 만드는 것'이 비극의 목적이라고 설파하기도 했다. 그러나 이런 주장은 어디까지나 염세적인 견해이며 '사악한 눈'이라고 할 수 있다.

나는 왜 니체를 읽는가 세상을 다르게 보는 니체의 인생수업

초판 1쇄 발행	2023년 5월 10일
초판 3쇄 발행	2023년 5월 17일

지은이	프리드리히 니체
엮은이	송동윤
그린이	강동호
펴낸이	김상철
발행처	스타북스
등록번호	제300-2006-00104호
주소	서울시 종로구 종로 19 르메이에르종로타운 B동 920호
전화	02) 735-1312
팩스	02) 735-5501
이메일	starbooks22@naver.com

ISBN	979-11-5795-692-0 03160